완벽하지 않아서 더 나다운 청춘에게

프롤로그

 이 책을 쓰기 전에도 그리고 쓰는 내내 나는 같은 질문을 수없이 되뇌었다.

 "내 이야기가 과연 누군가에게 의미가 있을까?"
 "이미 비슷한 책들이 넘쳐나는데 굳이 내가 한 권을 더 보탤 필요가 있을까?"

 나는 세상을 바꿀 만큼 위대한 성취를 이룬 것도 아니고 남들이 부러워할 화려한 경력을 가진 것도 아니다. 오히려 평범한 사람으로서 늘 방황했고 선택을 후회했고 때로는 아무것도 하지 못한 채 시간을 흘려보냈다. 나는 전문가도 특별한 경험을 가진 사람도 아니다.

그럼에도 불구하고 나는 바로 그 평범함 속에서 이 책의 의미를 발견했다. 이 책은 성공한 사람의 정답을 제시하는 대신 내가 걸어온 길 위에서 얻은 '불완전하지만 진짜였던 순간들'을 기록하려 한다. 거창한 가이드가 아니라 함께 고민하고 함께 멈춰 서며 함께 길을 찾아가는 여정이 되고 싶다. 혹시 내 고민이 네 고민과 닮아 있다면, 내가 찾은 작은 실마리가 너에게 어떤 힌트가 될 수 있다면 그것만으로도 이 책은 충분히 의미가 있다고 믿는다. 이 책이 네 삶을 바꾸는 지침서가 되기보다는 네가 원하는 모습으로 한 걸음 더 나아갈 용기를 얻는 작은 계기가 되었으면 좋겠다.

이 책은 나의 모든 고민과 질문을 솔직하게 담아낸 글이다. 동시에 내가 되고 싶은 가장 이상적인 모습을 담은 기록이기도 하다. 사실 이 글을 쓰는 나조차 아직 모든 것을 실천하며 살지는 못한다. 때로는 잊어버리기도 한다. 하지만 글로 적어 내려가는 행위 자체가 나를 조금 더 이상적인 나에게 가까이 데려다주었다.

 이 과정을 통해 나는 내가 무엇을 소중히 여기는지, 어떤 가치관을 따라 살고 싶은지, 또 어떤 실수들을 반복해왔는지 마주할 수 있었다. 글을 쓰다 보니 미처 몰랐던 내 모습을 발견했고 지나간 경험들이 새롭게 다가왔다. 그런 의미에서 이 책은 나에게 가장 큰 선물이 되었다.

 여전히 확신하지 못한다. 이 책이 경쟁력이 있을지, 누군가의 삶에 실질적인 도움이 될지 말이다. 하지만 한 가지는 분명히 믿는다. 이 불완전한 기록이, 불완전한 나와 닮아 있는 너에게 닿을 수 있다는 사실이다.

 우리에게 필요한 것은 완벽한 해답이 아니라 함께 고민해줄 동반자일지도 모르니까.

끝으로 이 책이 세상에 나오기까지 나 혼자만의 힘이 아니었음을 기억한다. 사랑으로 키워주신 부모님, 곁을 지켜준 반려견 미로, 그리고 삶의 여정에서 함께해 준 모든 이들에게 깊이 감사드린다. 무엇보다 이 불완전한 이야기를 선택해 준 당신에게 가장 큰 고마움을 전한다.

차례

프롤로그 4

1부 나를 이해하고 존중하는 태도

정답이라는 게 정말 있는 걸까 15

나는 내 길이 아니면 돌아서기로 했다 18

질문은 나를 비추는 거울이다 23

인생의 유한함을 기억하라 28

때론 가볍게, 때론 진지하게 살아라 31

걱정해도 괜찮아,
다만 이것만 반복하지 말아라 35

감정에 흔들려도 괜찮아 39

모르는 것은 부끄러운 일이 아니다 42

삶은 완벽하지 않아도 아름답다 46

모든 걸 다 잘하려 하지 않아도 된다 49

모두를 만족시킬 수는 없다 53

타인의 시선이
내 삶을 정의하지 않는다 57

세상이 흔들려도 나는 나의 편이다 61

상관없다, 이유만 있다면 65

나에게 하는 투자 69

2부 실패와 고통을 성장의 기회로

삶이란 게 참 쉽지 않다 75

지나간 시간을 아까워하지 않는 방법 78

기꺼이 고통을 선택하리라 82

훈련이라 이름 붙여라 86

명확하지 않아도
우리는 나아갈 수 있다 91

나는 긍정을 향해 흘러간다 95

실패하지 말아야 할 순간 99

3부 꾸준함과 성실함의 가치

꾸준한 루틴의 필요성 105

하루 휴대전화 사용 시간을
줄이려고만 했었다 109

당신을 기록하라 113

우리는 왜 당연한
사실을 행하지 못하는가 117

다짐해라 122

매일의 성장이 쌓이면 특별해진다 126

4부 용기 있는 도전과 실천의 힘

고민에 갇히지 말고 일단 시작해라 133

선택과 집중 136

완벽한 동기 없어도 괜찮다,
불안도 동기다   141

멈추는 것도 방향이다   145

작은 울림이 만든 변화   149

지금이 당신에게
딱 맞는 때일 수 있다   154

의욕이 없어도 해내야만 한다   158

돌아오지 않을 단 하나의 삶   162

앞을 보며 걷는 법   166

이야기는 쓰여진다   173

1부
나를 이해하고 존중하는 태도

❝ 흔들리는 세상 속에서도 나를
온전히 사랑하고 존중하는 용기를
찾아보세요. ❞

∴

정답이라는 게 정말 있는 걸까

∴

　누가 나한테 뭔가를 물으면 난 언제나 진심으로 대답을 해주고 싶어 한다. 심지어 정답이 없는 질문에도 마치 정답이 있는 것처럼 고민하고 최대한 정확한 답을 찾아내려 노력하는 편이다. 누군가 내 생각을 물을 땐 더욱 그렇다. 내 마음속 깊숙한 곳에서 나오는 답이 진짜 맞는지 계속 의심이 들어서 한마디 말하기가 엄청 어려워진다. 아마 내 안에 있는 완벽주의가 고개를 든 건가 싶다.

　삶을 바라보는 방식도 크게 다르진 않다. 내가 생각하는 삶은 마치 정답이 있는 시험지 같다.

해야 하는 일, 가야 하는 길 같은 게 어느 정도 정해져 있어서 그걸 잘 따라가면 성공한 삶이 되고 그렇지 못하면 실패한 삶이 된다고 여겼던 것 같다. 그런데 요즘 들어서는 이런 생각에 조금씩 의문이 든다. 정말 삶에도 딱 떨어지는 정답이 있을까?

난 정답을 모르니까 두 가지 가능성을 놓고 생각해봤다.

먼저 정답이 없다고 가정해 본다. 삶에 정답이 없다면 어떻게 살아도 다 정답인 거 아닐까? 길을 걷다가 이쪽이 아니라 저쪽으로 가도 괜찮고 잘못된 길이 없으니까 누구 눈치 볼 필요도 없고 겁낼 필요도 없어진다. 그냥 내가 하고 싶은 대로 가고 싶은 방향을 향해 마음껏 살아도 되는 거다. 어차피 정답은 없으니까.

두 번째는 정답이 있다고 생각해본다. 예를 들

어 옷 입을 때 옷 잘 입는 사람들은 스타일이 다 제각각인데도 각자의 멋이 있다. 그러니까 옷 입는 데도 정답이 하나가 아닌 것처럼 삶에도 정답이 여러 개 있을 수 있다는 얘기다. 성공으로 가는 길도 딱 하나만 있는 게 아니라 여러 갈래라면 한 번 잘못 선택했다고 해서 모든 게 끝나는 건 아니다. 그냥 잠시 돌아가는 거고 또 다른 길을 찾아가면 된다. 조금 오래 걸리고 더 힘들 수도 있지만 여전히 나한테는 다른 정답과 다른 길들이 남아 있다.

 결국 어떤 쪽을 택하든 나에게 중요한 건 단 하나다. 한 번 틀렸다고 세상이 무너지지 않는다는 거. 질문에 대답을 잘못했다고 해서 내 삶이 끝나는 게 아닌 것처럼 삶의 선택도 조금 틀리거나 어긋났다고 해서 모든 게 끝장나진 않는다. 가끔은 좀 가볍게 생각하고 살아도 괜찮지 않을까. 그게 더 나다운 정답일지도 모르니까.

나는 내 길이 아니면
돌아서기로 했다

　　이 길이 정말 내가 원하는 길이 맞는 걸까? 이 질문은 한 번쯤 삶의 갈림길에 선 사람이라면 누구나 마음에 품어봤을 것이다. 처음엔 단순히 좋은 기회라고 생각했던 일이 시간이 흐르면서 어느새 내 삶 전체를 차지할 때 의문과 고민이 밀려온다. 어쩌면 처음부터 깊은 고민 없이 우연히 선택한 길일지도 모른다. 처음에는 좋은 조건과 주어진 환경 속에서 자연스럽게 걷기 시작했지만 어느새 습관처럼 계속 가고 있는 자신을 발견하게 된다.

문득 멈춰 서서 주위를 둘러볼 때마다 그동안 걸어온 길을 포기하고 돌아서기엔 너무 많은 시간과 노력을 들였다는 생각이 든다. 나조차도 가끔은 "이제 와서 돌아가면 너무 아깝지 않을까?"라는 두려움과 마주친다. 그래서 이 길을 계속 걷는 것이 옳은 선택이라고 자기 위로를 해보기도 한다. 하지만 깊은 밤 조용히 마음속을 들여다보면 지금 걷고 있는 길이 정말 내가 원하는 길이 아니라는 것을 어렴풋이 알게 된다. 문제는 이 사실을 인정하기가 너무나 어렵다는 것이다.

  우리는 이미 투자한 시간과 노력 때문에 '기회비용'의 함정에 빠지곤 한다. 이 함정은 한번 빠져들면 쉽게 벗어나지 못한다. 과거의 투자가 너무 소중하게 느껴져서 내가 진정으로 원하는 미래까지 희생해 버릴 수 있다. 그러나 진정한 용기는 이미 지나간 시간을 아쉬워하며 붙들고 있는 것이 아니라 그것을 과감히 내려놓고 더 진실한 나의 모습을 향해 돌아서는 것이다. 이미 흘러간 과거에 미래까지 빼앗기지 않는 것이 우리가 삶을 살아가는 데 필요한 가장 현명한 결단이다.

물론 주류의 길을 벗어나는 것은 언제나 쉽지 않다. 사람들은 안정적인 선택을 칭찬하고 위험하고 모험적인 선택을 경계한다. 안정적인 삶의 궤도를 벗어나 새로운 도전을 한다는 것은 마치 안전지대를 벗어나 미지의 세계로 뛰어드는 것과 같다. 불확실한 미래는 언제나 두렵다. 하이 리스크, 하이 리턴의 상황은 매력적이면서도 그만큼 큰 부담을 안겨준다. 내가 옳은 선택을 하고 있는지 명확히 알 수 없는 상황 속에서 우리의 마음은 끊임없이 흔들린다.

이럴 때 가장 중요한 것은 자신의 감정과 깊은 대화를 나누는 일이다. 타인의 시선이나 사회적 평가에서 한 걸음 떨어져 내 마음이 진정으로 편안하고 행복한 길이 무엇인지 생각해보는 것이다. "이 길을 계속 걸어가면 후회하지 않을까?", "내가 정말 원하는 삶은 무엇인가?", "시간이 지나 다시 되돌아본다면 나는 어떤 선택을 했을 때 더 후회하지 않을까?" 이러한 질문들을 깊이 마주하며 스스로 솔직해져야 한다.

확신이 없는 것은 당연하다. 삶의 선택에 완벽한 정답은 존재하지 않기 때문이다. 하지만 한 가지 사실은 마음이 덜 무겁고 마음이 더 편안한 길이 결국 자신에게 가장 옳은 길이라는 점이다. 남들이 말하는 기준과 속도는 우리 삶의 중심이 될 수 없다. 우리는 각자 자신만의 고유한 삶의 속도와 방향을 가지고 있다. 남들보다 느리고 복잡한 길을 돌아가더라도 그것이 진정 내가 납득할 수 있는 길이라면, 결국 그것이 가장 올바른 선택이며 가장 빠른 길이 될 것이다.

이제 나는 내 길이 아니라면 주저 없이 돌아서

기로 했다. 돌아서는 것은 포기가 아니라 나 자신에게 정직한 삶을 살기 위한 용기 있는 결정이다. 그 결정을 통해 마침내 진정한 내 모습을 찾고 내가 가장 원하는 길 위에 설 수 있을 것이다.

∴

질문은 나를 비추는 거울이다

∴

　우리는 살아가면서 늘 정답을 찾는 데 익숙해져 있다. 인생에서 무엇이 옳고 그른지, 무엇을 해야 성공하는지, 마치 세상 어딘가에 이미 정해진 답이 존재하는 것처럼 믿으며 살고 있다. 그러나 정작 답보다 중요한 것은 질문이라는 사실을 우리는 잊곤 한다. 답은 늘 변화하고 때론 오해를 만들지만 올바른 질문은 우리를 더 깊고 본질적인 곳으로 인도한다. 질문이란 단지 답을 얻기 위한 도구가 아니라 나 자신을 있는 그대로 비추는 거울이다.

　생각해보면 우리는 질문보다는 답에 익숙하게

자라왔다. 학교에서도 사회에서도 늘 정답을 맞히는 사람이 칭찬을 받았고 질문하는 사람은 오히려 '모르는 사람', '이상한 사람'으로 취급받기도 한다. 그러다 보니 스스로에게조차 질문을 던지는 일이 어색하고 낯설어진 것이다. 그러나 질문은 단순히 답을 찾기 위한 수단이 아니다. 그것은 나를 이해하고 내 안의 진실과 대면하는 가장 깊은 사유의 시작이다. 질문을 던질 용기만 있다면 우리는 지금까지 놓쳐왔던 내 안의 목소리를 발견할 수 있다.

질문은 언제나 쉽지 않다. 처음엔 막연하고 답답하게 느껴질 수도 있다. 그러나 중요한 질문일수록 명확한 답을 얻기 어려운 법이다. "지금 나를 가장 괴롭히는 고민은 무엇인가?", "나는 진짜 무엇을 원하고 있는가?", "지금 가고 있는 방향이 내가 원하는 길인가?" 같은 질문을 처음 던지면 당황스럽고 부담스러울 수 있다. 하지만 바로 그 순간이 중요한 출발점이다. 당장 명료

한 답을 내놓지 못하더라도 괜찮다. 사실 질문을 던지는 순간 우리는 이미 변화하기 시작한 것이다. 질문을 품는 것만으로도 내면 깊숙이 숨어 있던 진짜 내 모습을 발견할 수 있다.

 질문이 중요한 또 하나의 이유는 질문 자체가 우리 삶의 방향을 재조정하는 힘을 지녔기 때문이다. 질문은 우리의 내면에서 소리 없이 잠들어 있던 생각과 감정을 깨운다. 때로는 우리가 가던 길을 멈추게 하고, 때로는 예상하지 못한 새로운 방향을 제시한다. 삶의 길을 잃고 헤맬 때마다 적절한 질문은 등대처럼 길을 밝혀줄 수 있다. 시간이 지나고 나서야 비로소 질문이 가져다준 의미와 변화의 크기를 깨닫게 될 것이다.

 또한 좋은 질문은 쉽게 답을 주지 않는다. 그 질문은 종종 시간이 흐른 뒤 다시 돌아와 나를 흔든다. 그리고 그 질문은 삶에서 가장 필요한 순간, 중요한 결정의 순간에 불현듯 떠올라 나를 더 나은 방향으로 이끈다. 결국 질문은 당장에 답을 얻기 위한 것이 아니라, 내 안의 진정한 소망과 가치가 무엇인지 계속해서 탐색하게 만드는 힘이다.

질문을 던지는 것은 결국 자신과 진솔한 대화를 나누겠다는 선언이다. 남들이 원하는 답이 아닌, 사회가 기대하는 모습이 아닌, 나 자신의 진심을 찾겠다는 다짐이다. 질문은 내 내면 깊숙한 곳의 목소리를 끌어내며 진짜 나를 만나는 여정의 시작이다.

그러니 오늘부터 질문을 두려워하지 말자. 내게 가장 중요한 질문 하나를 던져보자.

"나는 진정 어떤 삶을 살고 싶은가?"

이 질문이 나의 삶을 가장 투명하게 비춰주는

거울이 되어줄 것이다. 평소라면 가볍게 생각하고 금세 답을 내놨을지 모른다. 하지만 이번만큼은 시간을 들여 깊이 고민해보길 권한다.

인생의 유한함을 기억하라

누구에게나 행복했던 순간이 있을 것이다. 나 역시 그런 순간을 자주 만났다. 한없이 행복하다가도 어느 순간 갑자기 가슴 한편이 싸해질 때가 있었다. 행복이 영원할 수 없다는 걸 깨닫는 순간이었다. 당연히 알고 있었던 사실이지만 문득 그 생각이 너무나 현실적으로 느껴졌을 때 나는 행복 속에서 오히려 두려움을 느꼈다.

'이 행복이 끝나면 또다시 불행한 순간이 찾아오지 않을까?' 그런 생각이 나를 점점 더 깊은 불안 속으로 밀어 넣었다. 행복할수록 뒤따라오는 어두운 그림자가 더 커질 것 같은 기분이 들었다. 그래서 나는 행복한 순간조차도 제대로 즐기지 못하고 미리 찾아올 불행을 걱정하며 소중한 시간을 보내고 있었다.

그러다 문득 삶이 만약 무한하다면 어떨지 생각해보았다. 끝없이 계속되는 삶, 모든 게 무한하다면 아마도 지금 느끼는 감정들도 희미해져 버릴 것이다. 사랑도, 우정도, 행복도 더는 특별하지 않을 것이다. 결국 우리가 지금 느끼는 모든 것이 이렇게나 소중한 이유는 그것이 유한하기 때문이라는 사실을 깨달았다.

영원할 수 없기에 우리는 더 열렬히 사랑하고 더 깊은 우정을 나누고 더 진심으로 행복을 만끽할 수 있다. 유한함이라는 이 불편한 진실이 우리 삶의 가치를 높여준다는 것을 알게 된 순간 두려움이 조금씩 사라졌다.

하지만 언제나 이 사실을 기억하며 살기는 쉽

지 않다. 그래서 나는 때때로 '메멘토 모리(Memento Mori)'라는 말을 스스로에게 되뇌곤 한다. '죽음을 기억하라'라는 이 말은 나에게 지금 이 순간의 소중함을 다시 한번 떠올리게 한다. 내가 영원히 살지 않는다는 사실이 오늘을 얼마나 의미 있게 만들어주는지, 이 단순한 진리를 깨달을 때면 삶에 대한 태도가 달라지곤 했다.

사랑하는 이를 잃었던 날, 나의 죽음도 갑자기 가까이 다가오는 것 같았다. 내가 힘들 때, 마음대로 되는 일이 없을 때, 나는 나의 끝을 생각해본다. 그러면 내가 겪는 문제들이 그렇게 심각하지 않게 느껴진다. 죽음을 기억하면 지금 살아 숨 쉬는 모든 순간이 선물처럼 느껴진다.

유한한 삶을 두려워하기보다 지금 내게 주어진 이 순간들을 진심으로 사랑하며 살아가자. 어쩌면 삶이 가장 빛나는 순간은 우리가 그것의 끝을 깨닫고 나서부터 시작되는지도 모르니까.

∴

때론 가볍게, 때론 진지하게 살아라

∴

나는 오랫동안 내 인생이 어떤 모습이어야 하는지 명확한 답을 찾지 못하고 방황했다. 어릴 적에는 어른이 되면 자연스럽게 하고 싶은 일이 명확해질 줄 알았다. 하지만 막상 시간이 흘러 어른이 된 지금, 내 꿈과 목표는 오히려 더 모호해졌다고 할 수 있다. 그저 현실이라는 벽 앞에서 꿈은 바뀌고 지워지고 흐릿해졌고 나는 길을 잃은 아이처럼 머뭇거리고 있었다.

답을 찾으려 할수록 나는 지난 시간을 더 자주 돌아보게 됐다. '왜 그때 더 열심히 하지 않았을까?', '왜 그 사람에게 솔직하지 못했을까?', '왜 좀 더 용기 있게 도전하지 않았을까?' 이런 후회가 나를 자주 찾아왔고 그것은 이내 자책으로 바뀌게 되었다. 누군가를 보며 '나도 저렇게 살 수 있었는데'라고 생각하며 나 자신을 비난하기도 했다.

그래서 나는 어느 순간 완벽한 내가 되겠다고 다짐했다. 무엇이든 철저히 계획하고 목표를 세워 삶을 빈틈없이 관리했다. 하지만 이러한 완벽주의적 태도는 점점 나를 지치게 했고 기대에 미치지 못할 때마다 큰 스트레스와 압박감을 주었다. 인생의 모든 문제를 너무 진지하게만 받아들이자 나는 쉽게 지치고 무기력해졌다.

그때야 비로소 나는 깨달았다. 내 삶을 너무 심각하고 무겁게 받아들이고 있었다는 것을. 모든 문제를 철저히 해결해야 한다는 강박 대신 때로는 가볍게 받아들일 줄도 알아야 한다는 사실을 알게 되었다. 그제야 나는 작은 실패를 조금 더 편하게 받아들일 수 있었고, 실패조차 나를 더 나은 방향으로 이끌어주는 하나의 과정이라는 생각이 들었다.

 가볍게 살자는 말이 결코 인생을 무의미하게 보내자는 뜻은 아니다. 인생에서 중요한 순간, 결정적인 순간에는 누구보다 진지하게 고민하고 행동해야 한다. 하지만 그 외의 순간들에는 조금 더 여유를 가지고 편하게 생각하는 것도 필요하다. 모든 순간에 힘을 쏟을 순 없다. 우리는 쉬어야 다시 움직일 수 있는 존재니까. 시험 결과가 좋지 않더라도 그것이 내 인생의 전부는 아니다. 최선을 다했다면 결과는 담담히 받아들이고 다시 시작할 힘을 내면 된다.

 인생의 균형이 바로 이것이라고 생각한다. 때로는 가볍게 웃으며 지나가고 때로는 진지하게 고민하고 행동하는 것. 이 균형을 잘 유지할 때 비로소 삶은 조금 더 풍요롭고 편안해진다. 완벽하지 않아도 좋다. 인생은 너무 무겁게만 살아가기엔 길고 복잡한 여정이니까. 가끔은 힘을 빼고 순간을 즐기며 여유롭게 살아보는 것도 괜찮지 않을까. 그렇게 살아갈 때 삶은 어느 순간 더 아름답게 물들어간다.

∴

걱정해도 괜찮아,
다만 이것만 반복하지 말아라

∴

나를 표현할 때 가장 먼저 떠오르는 단어는 아마도 '걱정'일 것이다. 사실 나는 걱정이 많은 사람이다. 앞으로 다가올 일이 잘 풀릴지 걱정하고 내가 선택한 결정이 과연 옳은 것이었는지 불안해한다. 알 수 없는 미래 앞에서 이런 걱정들은 어쩌면 당연한 것일지도 모른다. 하지만 문제는 이 걱정이 내 삶을 마비시킬 정도로 커지는 순간이다.

걱정이 앞서면 제대로 시작하지 못하거나 할 수 있었던 일조차 못 해보고 포기하게 된다. 그렇기에 걱정이 찾아올 때마다 나는 그 걱정과 정면으로 마주 앉아 대화를 시도한다. '무엇 때문에 이런 감정이 들었을까?', '이 걱정을 해결하려면 지금 당장 무엇을 할 수 있을까?' 이런 질문을 조용히 던지고 천천히 답을 찾아가다 보면 대부분 걱정의 정체와 그 해결 방법을 발견할 수 있다.

때로는 머릿속으로만 생각을 정리하기 어려울 때도 있다. 그럴 때는 손으로 직접 써 내려가는 것이 효과적이다. 머릿속에서 떠도는 감정들을 글로 적다 보면 복잡했던 생각들이 점점 명료해진다.

물론 내 힘으로 통제할 수 없는 상황 때문에 불안과 걱정이 찾아올 수도 있다. 맞다. 우리는 인생의 모든 상황을 통제할 수 없다. 하지만 반드시 기억해야 할 것은 상황 자체는 통제하지 못할지라도, 그것을 어떻게 받아들이고 반응할지는 오로지 자신에게 달려 있다는 사실이다.

 불안이라는 감정은 대부분 충분히 통제할 수 있는 상황에서 나타난다. 막연히 불안하다면 이는 나 스스로 통제할 수 있는 무언가를 제대로 하고 있지 않다는 신호다. 그렇기에 불안이라는 감정이 찾아왔을 때 오히려 나는 안도감을 느낀다. 이 감정이 나타났다는 건 내가 충분히 할 수 있는 무언가가 남아 있다는 뜻이니까.

 하지만 걱정을 마주한 이후 절대 하지 말아야 할 행동이 하나 있다. 바로 '반복'이다. 이미 걱정의 정체를 알고 해결 방법까지 찾았다면 같은 걱정과 같은 상황을 다시 겪지 않도록 노력해야 한다. 똑같은 걱정으로 반복적으로 괴로워하는 일만큼 자신을 힘들게 하는 일도 없기 때문이다.

 걱정하는 건 괜찮다. 아주 자연스러운 일이다.

하지만 같은 걱정을 반복하며 자신을 스스로 괴롭히지 말자. 한 번의 걱정이 두 번, 세 번 반복되지 않게 애쓰는 건 쉽지 않다. 하지만 결국 삶을 바꾸는 건 그런 어려운 노력을 포기하지 않은 사람들이다.

∴

감정에 흔들려도 괜찮아

∴

 하루의 끝, 늘 같은 질문 앞에 선다. 나는 오늘 괜찮았을까? 웃음 가득한 하루였다고 생각하다가도 문득 누군가의 사소한 행동 하나에 예민해지고 흔들리는 내 모습을 보면 마음이 금세 초라해진다. 타인의 성취가 내 삶을 앞질러 가는 듯 느껴질 때면 그 감정이 벅차서 잠시 피하고 싶어질 때도 있다.

 나는 오랫동안 이런 감정들이 나를 흔드는 순간이 싫었다. 마치 나 자신이 물살에 휩쓸린 작은 나뭇잎처럼 연약하게만 느껴졌다. 그래서 스스로 더 단단해지라고 말했다. 감정 따위에 흔들리지 않고 평정심을 유지하는 사람, 그게 내가 꿈꾸던 이상적인 모습이었다. 하지만 끝내 그 이상에 닿지 못한 나는 자신을 탓했고 그러다 보니 어느 순간 마음이 더 무거워지곤 했다.

그런데 최근 들어 이런 나의 믿음에 작은 균열이 생겼다. 어쩌면 내 감정들은 내가 생각했던 것처럼 밀어내고 이겨야 할 대상이 아닐지도 모른다는 의심이었다. 내가 감정이라 부르는 질투와 초조함, 분노와 같은 것들이 사실은 나를 괴롭히려는 적이 아니라, 오히려 내 안에 잠들어 있는 본능적인 진실을 깨워 주는 작은 신호일 수도 있겠다고 생각했다.

나는 지금까지 감정이라는 존재를 무시하거나 넘어서려 했었다. 그러나 감정은 내게 진정으로 원하는 것이 무엇인지 알려주는 단서였다. 질투는 내게 열망을, 초조함은 내가 이루고 싶은 꿈을, 분노는 억압된 내 자존심을 보여주는 것이었다. 감정은 내가 숨기고 싶어 하는 내면의 가장 연약한 곳까지 정직하게 비추는 창이었다.

이제 나는 감정에 흔들리는 나를 부끄러워하지 않는다. 대신에 그것을 있는 그대로 마주하고 인정하는 연습을 한다. 흔들림 자체가 약함이 아니라 오히려 내가 살아 있다는 증거임을 깨닫는다. 나의 목표는 감정이 없는 사람이 아니라 감정을 있는 그대로 받아들이고 그것을 통해 나를 이해하는 사람이다.

나는 여전히 흔들리지만 이제는 무너지지 않는다. 그저 웃으면서 가끔은 조용히 고개를 끄덕이며 지나갈 수 있게 되었다. 감정에 흔들려도 괜찮다. 진정한 강인함은 흔들리지 않는 것이 아니라 흔들려도 다시 내 중심으로 돌아오는 것이기 때문이다. 삶의 방향을 결정하는 건 결국 내가 감정과 마주하는 태도임을 오늘 나는 다시 한번 깨닫는다.

모르는 것은 부끄러운 일이 아니다

　새로운 지식을 접하게 되는 순간이 있다. 주변을 둘러보니 누군가는 이미 예전부터 알고 있었던 듯이 말하기도 하고, 누군가는 나에겐 생소한 내용을 마치 이해한 듯이 고개를 끄덕이기도 한다. 나만이 아무것도 모르고 이 자리와 안 어울리는 것처럼 느껴지고 자신이 한없이 작아지면서 도망치고 싶은 기분이 들 때가 있다. 비슷한 경험이나 감정을 느낀 독자가 있을 것 같은데, 재미있게도 당신이 접해본 적 없는 내용을 접했을 때 아무것도 모르는 것은 지극히 당연하다.

우리는 그 순간 몰랐던 자신을 곧 능력 없는 자신이라는 결론으로 비약해버린다. 단지 어떤 지식을 모른다는 사실 하나가 마치 나라는 사람의 모든 가치를 깎아내리는 것처럼 느껴버린다. 하지만 우리는 이렇게 글로 표현했을 때 이미 알고 있다. 우리의 가치는 단지 지식 하나를 몰랐다고 깎아내려지지 않는다는 것을 말이다. 그러니 우리는 스스로 인지해야 한다. 모르는 것을 마주하였을 때 이것이 나의 존재를 깎아내릴 수 없다는 사실을 말이다.

내가 왜 이것을 몰랐을지 자책하고 다들 아는 것을 왜 나만 모른다고 생각하게 될 때는 부끄러움이 아니라 더 깊은 감정인 수치심이 작동하게 된다. 수치심은 "내가 잘못했다"가 아니라 "내가 잘못된 사람이다"라고 느끼게 한다. 그래서 도망치고 싶어지고 고개를 들 수 없게 된다. 하지만 이것은 우리가 자란 교육 환경이 '틀리면 안 된다', '모르는 건 창피한 일이다'라는 교육하기 때문이다. 이것은 우리가 새로운 지식을 접하는 것에 집중하기보단, 주변의 눈치를 살피게 하고 경쟁자로 여기게 하여 비교하도록 부추긴다. 그저 사람마다 배운 시점이 다를 뿐이고 모르는 것 자체는 부끄러운 일이 아니라 성장이 시작되는 기회이다. 그들이 미리 알았던 건 단지 인지 시점의 차이일 뿐이고 순간의 모름은 당신이 똑똑하지 않아서가 아니다. 우리는 모두 각자만의 시계를 가지고 있다.

모르는 자신을 비난하지 말고 발전으로 여겨야 한다. 이 감정은 모르는 것이 문제가 아니라 자신이 부족하다고 단정하는 인식이 문제인 것이다. 새 지식을 접할 때 느끼는 위축감, 작아지는 기분, 도망치고 싶은 마음은 자연스럽다. 이것은 당신이 부족해서가 아니라 진짜 배움을 시작하고 있다는 신호이다. 이 감정을 견디고 지나간 사람만이 그 지식을 자기 것으로 만든다. 모르는 순간은 나를 성장시키기 위한 작은 문턱일 뿐이다. 그 작은 문턱에 멈추지 말고 문을 열고 나아가자.

∴

삶은 완벽하지 않아도 아름답다

∴

　　삶이 완벽하기만 하다면 얼마나 좋을까. 누구나 한 번쯤 이런 생각을 해봤을 것이다. 하지만 삶은 원래 불완전함을 품고 태어난다. 우리가 아무리 신중하게 살아도 크고 작은 실수와 아쉬움이 우리의 일상에 스며든다. 그런 순간이 찾아오면 우리는 종종 자신을 질책하거나 자책하며 깊은 후회 속으로 빠져든다. 그러나 삶이 아름다운 이유는 완벽함 때문이 아니라 바로 이런 불완전함 덕분이다.

　우리의 가치는 완벽함에 의존하지 않는다. 한 번의 실수로도 누군가의 날카로운 평가로도 우리의 가치가 줄어들지 않는다. 마치 우리가 숨 쉬는 공기의 소중함을 인식하지 못하는 것처럼 우리는 종종 자신의 본래 가치를 망각하고 살아 간다. 하지만 잠시 숨을 고르고 돌아보면 스스로가 얼마나 귀중한 존재인지 깨닫게 된다. 당신이 오늘 어떤 실수를 했고 어떤 부족함을 느꼈다고 해도, 당신이라는 존재의 본질적 가치는 조금도 훼손되지 않는다. 자신을 깎아내리는 모습은 보는 사람을 안타깝게 만든다. 그래서 나는 이 글을 통해 다시 한번 말하고 싶다. 당신이 얼마나 소중한 존재인지 잊지 말아 달라고.

그리고 삶은 언제나 다시 시작할 기회를 준다. 하루의 끝에서 우리가 후회와 아쉬움을 느낄지라도 내일이 다시 찾아온다. 다만 그 내일은 영원히 약속되어 있는 것이 아니기에 오늘 이 순간을 놓쳐서는 안 된다. 누군가에게 상처를 줬다면 망설이지 말고 용서를 구하고 실수했다면 바로잡으면 된다. 삶은 바로 그렇게 이어지고 성장하며 아름다워진다.

 완벽이 아닌 불완전함을 통해 우리는 더 성숙해지고 깊어질 수 있다. 상처가 없는 삶이 아니라 상처를 겪고 치유해 나가는 과정 속에서 우리는 진정으로 단단해지고 더욱 아름다워진다. 우리는 미숙하다. 하지만 그런 미숙함 속에서도 각자 나름의 아름다움을 피워낸다. 그래서 세상은 아름답고 인간은 대단한 존재라는 생각이 든다.

 삶을 살아가며 작은 실수 하나하나에 무너질 필요는 없다. 실수와 아쉬움조차 우리를 더 나은 사람으로 만드는 성장의 계기다. 우리의 삶은 우리가 생각하는 것보다 훨씬 더 여유롭지 않기에, 후회와 절망을 붙잡고 시간을 낭비하기보다 주변의 사람들과 웃고 작은 행복을 누리는 편이 더 가치 있다. 완벽하지 않은 우리의 삶은 그래서 더욱 아름답고 사랑스럽다.

∴

모든 걸 다 잘하려 하지 않아도 된다

∴

　세상에서 무언가를 잘 해내고 싶지 않은 사람은 아마 없을 것이다. 나 역시 어린 시절 만화 주인공들처럼 어떤 상황에서도 멋지게 문제를 해결하는 능력을 가진 사람이 되고 싶었다. 친구들이 도움을 요청할 때마다 뿌듯했고 그 기대에 부응하고 싶어서 욕심내며 여러 분야에 도전했다. 하지만 현실은 꿈꾸었던 것과는 많이 달랐다. 모든 면에서 뛰어난 능력을 갖추는 일은 생각보다 훨씬 어렵고 한계를 마주해야 했던 순간도 적지 않았다.

　모든 면에서 완벽해지고 싶었지만 현실은 자꾸

만 나를 부족하다고 느끼게 했다. 많은 능력을 갖추려고 노력할수록 부족한 나 자신과 마주하게 되었고 자존감은 점점 낮아졌다. 그러다 알게 되었다. 세상은 각자 자신만의 능력을 발휘하며 함께 살아가는 구조라는 걸. 그때부터 나는 혼자 모든 걸 잘 해내야 한다는 부담을 내려놓기로 했다. 무엇이든 잘하려 애쓰기보단 지금 내게 주어진 일에 분명하게 집중하기로 했다. 그러자 나를 짓누르던 일들이 가벼워졌고 오히려 더 큰 성취감을 느낄 수 있었다.

모든 것을 완벽하게 할 필요가 없다는 깨달음은 일종의 해방감이었다. 나에게는 부족한 부분을 채워줄 동료들과 인공지능과 같은 기술적 보완 수단까지 존재했다. 중요한 것은 모든 분야를 다 잘하려고 애쓰는 것이 아니라 내게 주어진 일을 더 잘하기 위해 선택적으로 집중하는 것이었다. 모든 것을 잘하려 할 때는 작은 실패에도 스트레스를 받고 위축되었지만 내가 정한 몇 가지 영역에만 집중하자 부담감이 현저히 줄어들고 오히려 발전 속도도 빨라졌다.

물론 여전히 내가 잘하지 못하는 분야들은 존재한다. 그러나 이제는 그런 부족함을 발견하는 것이 더 이상 두렵거나 부끄럽지 않다. 오히려 부족한 부분을 마주하는 것이 내가 앞으로 더 나아갈 수 있는 여지가 있다는 뜻이었다. 모든 것을 완벽하게 하려고 할 때는 발전의 기쁨보다 실패의 두려움이 앞섰지만, 이제는 조금 더 편안한 마음으로 부족함을 바라볼 수 있다.

모든 것이 완벽해야만 의미 있는 삶이 되는 것은 아니다. 때로는 서툰 모습과 불완전한 결과도 그 자체로 가치가 있다. 중요한 것은 부족한 점들을 메우려고 억지로 노력하기보다 내가 정말로 즐겁고 보람 있는 일에 몰입하는 것이다. 그렇게 할 때 삶은 부담이 아니라 매일 새롭게 펼쳐지는 흥미로운 도전이 된다.

나는 여전히 모든 것을 잘할 수는 없겠지만 이제는 두렵지 않다. 불완전한 자신을 그대로 받아들이고 그 속에서 나만의 방향을 찾으며 살아가고 싶다. 그 지점에서 온전한 삶을 발견할 수 있다고 믿기 때문이다.

모두를 만족시킬 수는 없다

　한때 나는 모든 사람과 좋은 관계를 맺고 싶었다. 누구에게나 사랑받고 누구에게도 미움받지 않으며 언제나 괜찮은 사람으로 비춰지길 원했다. 그래서 늘 남들의 기준에 나를 맞추고 상대의 마음을 헤아리기 위해 너무 애쓰곤 했다. 하지만 시간이 지날수록 그런 나 자신이 점점 지쳐갔고 어느새 내 감정은 완전히 뒤로 밀려나 있었다. 나는 정작 나를 돌보지 못한 채 모두를 만족시키겠다는 끝없는 미션을 수행하고 있었던 것이다. 그것은 분명 내가 원했던 삶이 아니었다.

우리는 모두 이미 알고 있다. 세상에는 다양한 사람이 존재하며 각자 다른 배경과 경험을 통해 완전히 다른 기준과 취향을 가지고 살아간다. 내가 아무리 최선을 다해 상대방을 배려하고 조심한다고 하더라도 결국 누군가는 나를 싫어하거나 오해하기 마련이다. 이러한 상황은 나의 잘못이나 부족함 때문이 아니라 사람들의 가치관과 선호가 원래 다르기 때문이다. 이 간단한 진리를 이해하지 못하면 우리는 끊임없이 다른 사람들의 시선을 신경 쓰며 살게 되고, 그 끝없는 노력의 결과는 언제나 허무함과 좌절뿐이다.

모든 사람에게 좋은 사람이 되고 싶다는 마음 자체가 나쁜 것은 아니다. 오히려 그것은 당신이 기본적으로 따뜻하고 배려심 깊은 사람이라는 것을 보여주는 좋은 모습이다. 그러나 문제가 되는 것은 모든 사람에게 좋은 사람이 되려는 강박이다. 우리는 모든 이에게 호감을 얻고자 하면 그 누구에게도 진심으로 다가갈 수 없는 무한한 게임에 빠지게 된다. 이 게임에는 끝도 없고 승리도 없다. 모두를 만족시키는 건 애초에 불가능한 일이니까.

이제 우리는 담담히 받아들여야 한다. 때로는 어떤 사람과는 맞지 않을 수 있고, 어떤 관계는 아무리 노력해도 개선되지 않을 수도 있다는 현실을 말이다. 모두에게 잘 보이고 싶은 삶을 포기하지 않으면 진정한 내 삶은 절대로 시작되지 않는다. 오히려 내가 좋아하는 사람, 나를 있는 그대로 이해해주는 사람, 나에게 진정 중요한 가치들을 바라보는 것이 삶을 더 가볍고 행복하게 만드는 길이다. 우리는 단 한 명이고 삶은 너무 짧아서 모든 사람의 기대와 요구에 맞추기에는 그 시간이 너무나 아깝다.

어쩌면 누군가는 오늘도 나를 싫어할지 모른다. 또 누군가는 이유 없이 나를 오해할 수도, 내 존재 자체를 아예 신경 쓰지 않을지도 모른다. 하지만 이러한 현실을 두려워하거나 슬퍼할 필요는 없다. 중요한 것은 다른 사람들이 나를 어떻게 바라보느냐가 아니라 내가 자신을 어떻게 바라보며 살아가느냐다. 나는 모든 사람을 위한 존재가 아니라 바로 나 자신을 위한 존재라는 사실을 인정해야만 비로소 진정한 평온과 자유를 느낄 수 있다.

 오늘 하루 누군가는 나를 좋아하지 않을 수 있다. 그러나 그런 사람들의 존재에 지나치게 신경을 쓰며 불안해할 필요는 없다. 삶의 진정한 핵심은 결국 내가 내 삶을 어떻게 충실히 살아내느냐에 있다. 남들의 시선에서 벗어나 자신을 존중하고 아끼는 삶을 살아가는 순간, 우리는 진정으로 자유로워질 수 있다. 모두를 만족시키는 일은 결코 우리 인생의 목적이 될 수 없다. 오직 내 삶을 충실하게 사는 것만이 우리가 가져야 할 가장 중요한 목적임을 잊지 말자.

∴

타인의 시선이 내 삶을
정의하지 않는다

∴

 어떤 사람이 괜찮은 사람일까. 뭘 해야 멋있어 보이고 어떻게 살아야 '잘살고 있다'라고 말할 수 있을까. 우리는 자꾸 누군가의 시선과 생각을 신경 쓰며 산다. 그래서 타인의 기준에 맞춰 행동하고 남들에게 좋아 보일 말과 행동을 고민하게 된다. 많은 사람이 자기 삶을 살고 있다고 믿지만, 사실 가만히 들여다보면 우리 모두 누군가의 시선을 따라가고 있을지도 모른다.

 착하다, 성실하다 같은 칭찬의 말이 좋은 뜻이라는 걸 알면서도 가끔은 '이게 정말 내 모습이 맞나?' 하는 의문이 든다. SNS에서 보이는 사람들의 삶의 속도와 방식을 보다 보면 나도 모르게 비교하게 되고 '나는 이래도 괜찮은 걸까?' 하고 자꾸 스스로 묻게 된다. 하지만 그 질문은 애초에 타인의 기준에서 시작된 것인지도 모른다. 남의 기준에서 출발한 질문은 결국 나를 흐리게 만들 뿐이다.

　나는 이제 남들의 기준에 맞추기 위해 애쓰지 않는다. 대신 내 마음의 만족과 기쁨을 우선으로 삼는다. 타인의 눈으로 나를 바라보지 않고 나의 감각과 기준으로 나를 바라본다. 칭찬이나 인정이 없어도 내가 괜찮다고 느끼는 삶이라면 그것 또한 충분한 삶의 기준이 될 수 있다는 것을 믿게 되었다.

　나는 그런 생각을 춤을 추면서 더 깊이 느꼈다. 나는 춤을 누구에게 보여주기 위해 추는 사람이 아닌데도 정작 아무도 지켜보지 않으면 내가 추는 춤이 정말 의미가 있는지 고민하게 되는 순간이 있었다. 관객의 박수를 바라고 반응을 기대하는 내 마음은 어쩌면 그들과 연결되고 싶고 인정받고 싶은 욕구 때문이었다. 타인의 시선에서 벗어나고 싶으면서도 인정받고 싶은 마음이 처음에는 서로 모순처럼 느껴졌다. 하지만 곧 깨달았다. 나는 지금 균형을 찾으려 애쓰고 있다는 것을.

타인의 시선에 휘둘리지 않으면서도 누군가와 연결되기를 바라는 내 마음 역시 솔직하게 인정하게 됐다. 타인의 시선으로 내 삶을 재단하진 않지만 그렇다고 완전히 무시하지도 않으려는 내 태도. 그 둘 사이의 균형을 찾으며 살아가는 것 역시 내 삶의 중요한 한 부분이라는 걸 알게 되었다.

남들과 다르고 조금 불확실하더라도 내가 괜찮다고 느낀다면 그것으로 충분하다. 타인의 기준은 참고할 수는 있겠지만 내 삶의 척도는 결국 내가 정해야 한다. 결국 내가 나를 어떻게 보느냐가 내 삶을 결정한다는 것을 이제는 분명하게 안다. 소신을 지키며 살아가는 태도가 내 삶의 기둥이 될 것이라 믿는다.

∴

세상이 흔들려도 나는 나의 편이다

∴

    세상은 매 순간 수많은 목소리로 가득 차 있다. 누군가는 친절한 조언을 건네고 누군가는 냉정한 평가를 내리기도 한다. 우리는 그 말들 사이에서 중심을 잡으려고 애쓰지만 실제로는 쉽게 흔들린다. 타인이 던지는 무심한 평가 하나가 내 마음을 깊이 파고들어 한동안 나를 무너뜨리기도 한다. 하지만 이런 상황에서도 우리가 반드시 기억해야 할 것이 있다. 결국 마지막까지 남아 있는 소리는 타인의 것이 아니라, 바로 내 안에서 울리는 나의 목소리라는 사실이다.

어떤 사람이든 나를 완전히 이해할 수 없다. 그 어떤 이도 내 마음속 가장 깊은 곳까지 들어와 나의 상처와 기쁨을 온전히 알지 못한다. 오로지 나만이 나의 모든 순간을 알고 있으며, 내가 무엇을 느끼고 원하는지 정확히 이해할 수 있다. 그렇기에 내 인생을 평가하고 결정하는 주체는 타인이 아니라 바로 나 자신이어야 한다. 타인의 평가에 흔들리고 자신을 의심하는 순간이 많을지라도 끝까지 내 곁을 지켜줄 사람은 결국 나 자신뿐이다.

우리는 타인에게 인정받고 싶고 좋은 평가를 받고 싶은 마음 때문에 자기 자신에게 너무 가혹할 때가 많다. 남들의 말 한마디에 쉽게 상처받고 자기 자신을 의심하기 시작한다. 하지만 나 자신을 진정으로 지키는 힘은 밖에서 오는 것이 아니라 내 안에서부터 나온다. 타인의 시선과 평가가 어떠하든 간에 나 스스로가 나를 믿고 지지해주는 것이 가장 중요하다. 내가 나의 편이 되지 않는다면 이 세상 그 누구도 진정으로 내 편이 될 수 없다.

스스로 "괜찮다"라고 말해주는 힘을 가져야 한다. 누군가의 기준으로 봤을 때 내가 부족하거나 잘못된 선택을 했다고 느낄 때조차 나 스스로 판단을 믿고 위로하는 것이 필요하다. 내 마음을 가볍게 여기지 않고 진지하게 귀를 기울이는 일, 나 자신에게 다정하게 말을 걸어주는 일이 생각보다 삶에서 아주 큰 힘을 발휘한다. 내 감정과 선택을 무시하거나 가볍게 넘기지 말자. 때로는 내 마음의 목소리에만 귀 기울이며 다른 사람들의 판단을 잠시 접어두는 것도 삶의 중요한 기술이다.

세상이 흔들리고 무너질 듯해도 내가 나를 믿는다면 결국 다시 일어설 수 있다. 삶의 어떤 어려움과 아픔도 자신을 스스로 믿고 지지하는 힘 앞에서는 결국 희미해진다. 인생의 가장 강력한 동력은 바로 내가 나를 믿어주는 것에서 시작된다. 그러므로 나 자신에게 언제나 따뜻한 눈길을 보내자. 때로는 실수하고 실패할지라도 나 자신을 끝까지 믿어주고 응원하자.

다른 누구도 아닌 바로 내가 나의 가장 확실한 편이 되어줄 삶은 흔들림 없는 단단한 울타리가 된다. 세상이 흔들리고 수많은 평가가 내 위로 쏟아져 내려도 나는 나의 편이다. 언제나 그렇게 내 곁을 지켜주자. 결국 내가 나의 편이라는 것, 그것이 삶을 버티고 앞으로 나아가게 하는 가장 소중한 진실이다.

∴

상관없다, 이유만 있다면

∴

　우리는 흔히 익숙한 선택을 하며 살아간다. 매일 걷던 길, 자주 먹던 음식, 습관처럼 반복하는 행동들. 이런 익숙한 선택은 편안함을 주고 어느 정도 만족감까지도 보장해준다. 이미 충분히 경험했고 익숙하기에 실망할 위험이나 실패할 가능성도 거의 없다. 이것은 마치 내가 쌓아 올린 울타리 안에서 살아가는 것과 같다. 울타리 안은 나를 보호해주고 상처받지 않게 지켜주는 안전지대이다. 그러나 가끔 이런 의문이 머릿속을 스쳐 지나간다. "어쩌면 내가 아직 모르고 놓치고 있는 무언가가 내가 닿지 못한 곳에 있지는 않을까?"

모두가 각자의 울타리 안에서 평온하게 살아가지만 때로는 울타리 너머를 궁금해하며 바라보기도 한다. 내가 이미 잘 알고 있는 익숙한 것들이 가장 잘 맞는다고 생각하더라도, 그 익숙함을 벗어난다면 전혀 예상하지 못한 기쁨과 가능성을 발견할 수도 있다. 마치 우연히 집어 든 신상품이 뜻밖의 즐거움을 주는 것처럼, 울타리 너머에는 시도하지 않고는 결코 알 수 없는 뜻밖의 기회들이 존재할지도 모른다. 로또처럼 확률은 낮을지 몰라도 시도조차 하지 않으면 영원히 모를 일이다. 그래서 나는 때때로 두렵지만 설레는 마음으로 조심스럽게 울타리 바깥으로 한 걸음을 내디딘다.

 물론 이것이 늘 새로움과 모험만을 좇으라는 말은 아니다. 우리는 피곤하고 지쳤을 때, 혹은 확실한 위로가 필요할 때, 다시 익숙한 울타리 안으로 돌아간다. 처음엔 이런 선택이 도망치는 것처럼 느껴졌고 나 자신이 용기 없는 사람이라 자책한 적도 있었다. 그러나 돌이켜 생각해보면 그것은 단지 피곤함과 지친 마음을 돌보는 선택이었다. 익숙함을 선택하는 것이 때로는 가장 현명한 자기 돌봄일 수도 있다는 사실을 나는 나중에서야 깨닫게 되었다.

 가장 중요한 것은 내가 자신의 감정을 외면하지 않았느냐 하는 것이다. 그 선택이 정말로 나를 위한 것이었는지, 아니면 두려움 때문에 단순히 피하고 싶은 마음이었는지, 자신에게 솔직하게 대답할 수만 있다면 어떤 선택이라도 괜찮다. 선택의 본질은 결국 이유에 있기 때문이다. 그 이유가 나 자신의 내면에서 나온 진정한 소리라면 그것이 어떤 선택이든 충분히 가치 있는 결정이다.

 결국 삶에서 중요한 건 선택 그 자체가 아니라 그 선택을 하는 이유이다. 새로운 도전이든 익숙한 걸 지키는 선택이든 그게 솔직한 내 마음에서 비롯된 거라면 그걸로 충분하다. 이미 한 발짝 나아간 셈이니까. 때로는 울타리 밖으로 나서서 새로운 세상을 만나야 할 때도 있다. 하지만 지쳤다면 내 마음을 위해 울타리 안에서 잠시 쉬어가도 괜찮다.

이제 나는 어떤 선택을 하든 스스로 솔직하여지려고 노력한다. 세상이 말하는 정답이 아닌 내 내면의 목소리에 귀를 기울이는 삶을 살기 시작했다. 내 안의 솔직한 이유 하나만 있다면 그것으로 충분하다는 사실을 이제는 분명히 알고 있다. 상관없다. 이유만 있다면 그것으로 족하다. 그 이유가 나의 진심이라면 그 선택은 이미 나를 위한 가장 올바른 선택이다.

∴

나에게 하는 투자

∴

 돈이라는 건 누구에게나 민감한 문제다. 통장에 돈이 넘쳐흐르지 않는 이상 대부분 돈을 쓸 때 망설이게 된다. 이걸 사도 괜찮을까? 지나친 사치는 아닐까? 정말 필요한 소비인가? 고민 끝에 결국 지갑을 닫기도 하고 반대로 쉽게 지갑을 열기도 한다. 어느 날 문득 그런 고민 끝에 돌이켜보니 내가 지금까지 진심으로 나 자신을 위한 투자를 해본 적이 있는지 의문이 들었다. 옷을 사고 여행을 다니고 책을 구매해 읽었던 일들도 사실 나를 위한 것이라기보다는 그저 즐겁고 싶어서 했던 소비에 가까웠다. 주된 목적이 오롯이 '나 자신을 위한 투자'였던 적은

별로 없었다.

 내가 진정 원하는 것은 단순한 소비가 아니라 지금의 나를 뛰어넘어 미래의 나에게 힘이 되는 의미 있는 투자였다. 내가 부족하다고 느끼는 능력을 키우고, 경험을 넓히며, 배우고 성장하기 위한 시간과 비용이야말로 진짜 나를 위한 투자라는 생각이 들었다. 어쩌면 그동안 나는 미래를 위해 준비하는 일에 너무 인색했던 건지도 모른다. 준비된 사람에게만 기회가 찾아오고 또 그 기회를 잡을 수 있다는 사실을 알고 있었으면서도, 막상 준비하는 데 드는 비용과 시간을 아끼는 우를 범하고 있었던 것이다.

 사람들은 종종 행운을 기다린다. 하지만 인생에서 진짜 기회는 자주 찾아오지 않는다. 그것은 우리가 생각하는 것보다 훨씬 드물고 소중한 순간이다. 중요한 것은 그런 순간이 왔을 때 우리는 이미 준비가 되어 있어야 한다는 것이다.

차곡차곡 쌓아 놓은 능력과 경험이 딱 그 순간, 간절히 원했던 기회를 놓치지 않고 잡을 수 있는 힘이 된다. 그것이 진정한 투자이고 그렇게 자신에게 쓰는 돈과 시간이야말로 가장 강력한 자산이다. 이를 분명히 아는 사람들은 절대 자기 자신을 위한 투자를 아까워하지 않는다.

 물론 무조건 돈을 쓰라는 의미는 아니다. 자신을 위한 투자는 깊은 고민과 명확한 목적이 있어야 한다. 내가 이걸 통해 얻고자 하는 게 무엇인지, 나 자신에게 이 투자가 왜 필요한지 충분히 고민해야 한다. 그러나 너무 지나친 고민과 망설임으로 자신에게 하는 투자를 계속 미루고 회피하는 건 더 아쉬운 선택이 될 수 있다. 하지만 돈과 시간을 중요하지 않은 일에 낭비하고 나면, 결국 스스로는 성장하지 못한 채 텅 빈 껍데기처럼 남을 수 있다. 나의 내면이 충만하고 미래를 향해 단단히 준비된 사람이 되려면 지금부터라도 나를 위한 투자에 망설이지 말아야 한다.

결국 우리는 자기 자신을 돌보고 성장시키는 주체이다. 내 삶의 중요한 가치를 만들어가는 사람도 바로 나 자신이다. 그렇기에 자신을 위한 투자야말로 미뤄서는 안 될 가장 확실하고 가치 있는 선택이다. 나 자신을 위해 쓴 시간과 돈은 결코 허공으로 사라지지 않는다. 그것은 내 안에 쌓이고 나를 성장시키며 결국은 인생에서 가장 확고한 자산으로 자리 잡게 된다.

이제부터는 나 자신을 돌보는 일에 더 신경 써야 한다. 자기 자신을 위한 투자는 절대 사치가 아니다. 오히려 미래의 내가 간절히 필요로 할 가장 확실하고 안전한 투자처다. 오늘 내가 나에게 쓴 돈과 시간은 언젠가 돌아와 나를 더 높은 곳으로 이끌어 줄 것이다. 세상에서 가장 확실한 투자처는 결국 나 자신이라는 사실을 기억하자.

2부

실패와 고통을 성장의 기회로

> 좌절의 순간을 성장의 발판 삼아
> 더 나은 내일로 나아갈 수 있습니다.

삶이란 게 참 쉽지 않다

 솔직히 삶은 늘 쉽지 않다. 계획대로 되는 일보다 되지 않는 일이 더 많고, 내 마음 하나조차 내 뜻대로 움직이지 않을 때가 많다. 간단한 일조차 쉽게 처리하지 못해 답답하고 인간관계의 복잡함 속에서 지치기도 한다. 때로는 이런 현실 앞에서 무력감을 느끼고 왜 이렇게 살아야 하는지 의문이 들기도 한다.

 하지만 어느 날 문득 이런 생각이 들었다. 만약 인생이 너무 쉽다면 우리는 진정 행복할 수 있을까? 게임에서 모든 아이템을 갖추고 무적 상태로 시작한다고 가정해 보자. 처음엔 무척신이 나겠지만 금방 흥미를 잃고 만다. 도전할 것도 없고 성취감도 없으니 결국 지루함에 빠져 게임을 꺼버리게 된다. 삶도 비슷한 게 아닐까.

  내가 바라는 목표가 아무 노력 없이 이루어진다면 우리는 결코 기쁨이나 성취감을 제대로 느끼지 못할 것이다. 목표를 이루기 위해 견뎌낸 시간, 마주했던 어려움, 극복한 실패의 경험들이 없다면 얻은 결과는 그저 허무할 뿐이다. 어려운 과정 없이 얻은 것들은 마음 깊이 소중함을 느끼기 쉽지 않다.

  삶은 원래 어렵기에 살아갈 만한 가치가 있다. 어려움이 있으니 목표를 이루었을 때 그만큼의 기쁨과 보람이 있고, 넘어지고 다시 일어나면서 우리는 성장하고 자신을 발견한다. 힘든 순간마다 포기하지 않고 나아가는 이 모든 과정이 결국 나의 삶을 진짜 가치 있게 만들어준다.

때로는 삶이 너무 버겁게 느껴질 수 있다. 내 앞에 놓인 여러 문제 중 단 하나라도 나를 힘들게 하면 인생 전체가 어렵게 느껴진다. 하지만 삶의 가치는 쉬운 길에 있지 않고 힘든 길 위에서 찾아진다. 쉽게만 풀리는 인생은 깊이가 없다. 진짜 의미 있는 삶은 오르막과 내리막을 모두 겪고 난 뒤에야 처음으로 발견된다.

그래서 나는 이제 어렵다고 불평하는 대신 어려움을 마주할 때마다 삶에 감사하기로 했다. 쉽지 않은 인생이기에 오히려 도전할 만한 가치가 있고, 그렇게 도전하며 살아가는 것이 삶을 풍요롭게 한다는 것을 알게 되었기 때문이다.

쉽지 않기에 삶은 의미 있고 힘들기에 더 살아볼 가치가 있다. 이 역설을 이해한다면 삶이 어렵다는 사실이 더 이상 고통스럽지만은 않을 것이다. 오히려 힘들수록 삶이 나를 성장시키고 있다는 생각에 감사할 수 있을 것이다.

∴

지나간 시간을 아까워하지 않는 방법

∴

　　과거를 돌아볼 때마다 아쉬움이라는 감정이 내 발목을 잡는다. 그 시간을 어떻게든 다르게 보낼 수 있었다면 지금의 나는 더 나은 모습일지도 모른다는 생각 때문이다. 그리고 시간의 가치를 깨달을수록 무의미하게 흘러버린 순간들이 더욱 선명히 보이곤 한다.

　시간이라는 것은 실체가 없으면서도 가장 명확하게 우리의 삶을 지배한다. 그것이 흐르는 동안 우리는 수없이 많은 선택을 하고 그 선택이 쌓여 지금의 우리가 된다. 그런데 여기서 가끔 나는 그 시간을 온전히 활용하지 못했다는 자책감을 느낀다. 가장 아쉬움이 남는 시간은 무심코 휴대전화와 보낸 순간들이다. 하루의 자투리 시간, 이동할 때나 자기 전 침대에 누워 아무 생각 없이 화면을 들여다보며 보낸 순간들은 헤아리기도 어려울 만큼 많다.

 물론 때로는 그런 무의미한 시간이 스트레스를 덜어주고 잠시의 휴식을 제공하기도 한다. 하지만 긴 흐름 속에서 돌이켜 보면 그 시간보다 더 가치 있는 선택이 있었음을 깨닫게 된다. 그 시간이 조금 더 가치 있게 활용될 수 있지 않았을까 하는 의문이 자꾸 내 안에서 맴돌았다. 그 시간이 다른 무언가가 되었다면 나는 지금보다 조금 더 성숙하고 깊이 있는 사람이 되었을지도 모르기에.

 이제 나는 조금 다르게 시간을 바라보고자 한다. 단순히 생산적이고 효율적으로 살기 위해서가 아니라 나 자신이 누구인지 더욱 깊이 이해하기 위함이다. 집에서 벗어나 낯선 공간을 찾아가거나 평소와 다른 길을 걷는 작은 변화만으로도 나는 새로운 자극을 받게 된다. 일상의 반복적인 풍경에서 벗어나 마주치는 작은 낯섦은 내 삶의 특별한 색채를 더해주고, 내가 누구인지 점점 더 선명히 느끼게 해준다.

인생에서 큰 의미는 사소한 변화로부터 비롯될 때가 많다. 새로운 곳에서 커피 한 잔을 마시고 작은 골목길에서 우연히 만난 풍경과 사람들로부터 받은 감정은 때때로 깊은 기억으로 남는다. 그렇게 나는 작은 변화를 통해 일상을 특별하게 만들고 그 속에서 살아가는 나를 발견하려 한다.

하지만 아무리 새로운 변화를 주고 살아도 결국 내 삶에서 진짜 소중한 것들은 멀리 있지 않다는 걸 자주 느낀다. 하고 싶은 일들, 맛보고 싶은 음식들, 만나고 싶던 사람들. 이런 것들은 늘 내 곁에 두고 살아야 한다고 생각한다. 삶의 시간은 내가 예상하는 것보다 훨씬 빠르게 지나가고 다시 돌아올 수 없는 순간들이 계속 쌓이기 때문이다.

삶이란 결국 나 자신을 알아가는 긴 여정이다. 단순히 방 안에 앉아 화면을 바라보는 시간보다는 조금 더 적극적으로 세상을 마주하고 다양한 경험과 감정을 느끼는 시간이 쌓여갈 때, 나는 진정으로 나 자신을 이해하게 된다. 일상 속의 작은 시도들이 쌓이면 시간이 지나 돌아보았을 때, 후회보다는 뿌듯함과 만족감을 줄 것이라 확신한다.

앞으로 사진첩에 담길 나의 모습들이 지나간 시간에 대해 아쉬움보다는 나 자신에게 선물한 의미 있는 순간들로 채워지기를 바란다.

기꺼이 고통을 선택하리라

사람들은 흔히 자기계발이라는 말에 끌린다. 서점의 베스트셀러 코너나 인터넷 강연에서 더 나은 자신이 되는 법을 이야기하는 이유는 우리가 모두 성장과 변화를 꿈꾸기 때문이다. 나 역시 오랜 시간 그런 흐름 속에서 살아왔다. 누구나 태어날 때부터 모든 걸 완벽하게 잘하는 능력을 타고나는 건 아니다. 타고난 재능이나 환경도 중요하겠지만 결국 우리가 스스로 바꿀 수 있는 영역은 오직 '노력'뿐이다. 이 노력을 통해 우리는 원하는 목표를 향해 나아가고 꿈에 조금씩 더 가까워질 수 있다.

하지만 모두가 알고 있듯 노력이라는 건 결코 쉽지 않다. 성장의 과정은 늘 고통스럽고 힘들 수밖에 없다. 계획한 일이 뜻대로 풀리지 않을 때, 시작하려 했던 일을 자꾸 미루게 될 때, 게으름이나 핑계를 통해 자신을 합리화하고 싶어질 때, 우리는 자연스럽게 그 고통을 피하려 한다. 간단히 첫발을 내디디면 될 일인데도 그 첫걸음을 떼는 일이 세상에서 가장 어렵게 느껴지곤 한다.

그러나 꼭 기억해야 할 중요한 사실이 있다. 삶에서 진정한 성장은 편안함 속에서 이뤄지지 않는다는 것이다. 당신이 원하는 목표를 이루고 더 나은 삶을 살아가고자 한다면 반드시 고통을 기꺼이 감수해야만 한다. 우리가 선택한 성장의 길에는 크고 작은 고통이 기다리고 있다. 니체가 말했듯, "나를 죽이지 못하는 고통은 나를 더 강하게 만든다." 정말 그렇다. 당신이 마주한 고통이 결코 당신을 쓰러뜨리지 않는다. 오히려 그 고통을 통해 당신은 더 강하고 단단한 사람으로 성장할 것이다.

 고통을 마주할 때 우리는 진짜 나를 발견할 수 있다. 어려운 순간이 닥쳤을 때 평소엔 잘 알지 못했던 자신의 진짜 모습과 만나게 된다. 내가 부족한 점은 무엇인지, 더 성장해야 하는 부분은 무엇인지 명확히 깨닫게 된다. 고통은 숨겨져 있던 내면의 민낯을 드러낸다. 애써 감추고 싶었던 두려움이나 회피하던 약점까지도 직면하게 한다. 그래서 아프지만 동시에 가장 진실한 성장이 시작되는 지점이기도 하다. 힘든 시간을 견디고 난 후 거울 앞에 선 당신을 상상해 보라. 이전보다 더 단단하고 깊어진 자신을 발견할 것이다. 조각가가 돌덩이를 아름다운 작품으로 만들어내듯 고통은 우리를 점점 더 정교하고 가치 있는 존재로 다듬어준다. 고통은 삶이 우리에게 주는 가장 날카롭지만 가장 정직한 스승이다.

이제 더 이상 고통을 두려워하지 말자. 삶의 진정한 변화는 언제나 불편하고 힘든 과정을 통해 찾아온다. 고통은 당신을 괴롭히기 위한 것이 아니라 더 높은 곳으로 오르게 하는 디딤돌이다. 기꺼이 고통을 선택할 용기만 있다면 당신의 인생은 누구보다 더 빛나고 의미 있는 삶으로 완성될 것이다.

"힘든 시대는 강한 사람을 만들고, 강한 사람은 평온한 시대를 만든다.
평온한 시대가 약한 사람을 만들고, 약한 사람이 힘든 시대를 만든다."

당신은 어떤 사람이 될 것인가.

훈련이라 이름 붙여라

 살다 보면 때때로 내 능력을 넘어서는 듯한 어려운 프로젝트를 만나기도 하고, 마주하는 것 자체가 부담스럽고 불편한 인간관계 속에 놓이기도 한다. 이런 순간이 찾아오면 그 일을 떠올리는 것만으로도 스트레스가 밀려와 모든 것을 내려놓고 자리를 피하고 싶은 충동이 든다. 분명 누구나 한 번쯤 겪었을 것이다. 하지만 삶의 모든 일은 우리의 마음가짐과 태도에 따라 그 모습과 의미가 바뀐다. 나는 이것을 깨닫고부터 어려운 일을 대하는 방식을 바꾸기 시작했다. 부담스럽고 불편한 상황들을 더 이상 피하고 싶은 일로 보지 않고, 그것을 나 자신을 위한 일종의 훈련으로 여기기로 했다.

 사람은 늘 자신만의 관점과 틀 안에서 세상을 바라본다. 이 틀은 우리가 경험하는 모든 상황에 의미를 부여한다. 이 틀, 즉 프레임을 어떻게 설정하느냐에 따라 같은 일도 전혀 다른 의미와 가치를 지닐 수 있다. 예컨대 내가 낯설고 긴장되는 자리에서 선배를 만나야 하는 상황이 있다면 과거의 나는 그 시간이 부담스럽고 스트레스라고 느꼈을 것이다. 하지만 이제는 그런 자리를 "윗사람과 자연스럽게 소통하는 법을 연습하는 기회"로 바라본다. 이렇게 관점을 바꾸자 그 상황에서 느껴지던 부담이 크게 줄어들었다. 불편한 감정에서 한 걸음 떨어져 마치 객관적인 제삼자가 된 것처럼 상황을 바라보게 된 것이다.

 흥미롭게도 이 프레임 전환은 불편한 상황을 단순히 견딜 만한 것으로 바꾸는 데 그치지 않앉다. 오히려 그 순간이 나를 성장시키는 도전의 기회로 느껴졌다. 어떻게 말하고 행동해야 더 나은 결과를 얻을 수 있을지 고민하는 과정에서 나 자신이 한발 더 나아가고 있다는 걸 알 수 있었다. 마치 하나의 챌린지를 통과하는 것처럼 이 상황을 통해 내가 한 단계 레벨업하고 있다는 게 분명하게 느껴졌다. 이제 스트레스를 주는 상황은 피하고 싶은 무게가 아니라 나를 단련하고 발전시킬 수 있는 의미 있는 순간으로 바뀌었다.

사실 우리의 삶은 그 자체로 끝없는 훈련의 연속이다. 우리가 의도했든 하지 않았든 하루하루 우리가 마주하는 모든 순간과 모든 경험은 나 자신을 조금씩 변화시키고 성장하게 만든다. 어떤 사람들은 이미 명확히 정해진 목표를 향해 나아가고 있을 것이고, 또 어떤 사람들은 아직 자신이 원하는 길을 찾지 못해 막연하게 방황하고 있을지도 모른다. 하지만 그 누구든 지금 겪고 있는 모든 경험을 훈련으로 인식한다면 삶은 더 이상 막연하지 않을 것이다. 원하는 방향이 있는 사람이라면 그 경험을 자신의 목적지로 향하는 디딤돌로 삼아 더 빠르게 도약할 수 있을 것이다. 그리고 아직 목적지가 분명하지 않은 사람에게는 새로운 경험 하나하나가 자신을 더 잘 이해하고, 궁극적으로 원하는 길을 발견할 수 있는 단서가 될 것이다.

중요한 것은 우리가 겪는 그 어떤 상황이라도 그 안에서 우리 자신이 무엇인가를 배우고 성장할 수 있다는 믿음이다. 불편하고 힘든 경험조차 우리에게 새로운 가능성을 열어주는 귀중한 자산이다. 모든 상황을 훈련이라 여기고 스스로 기꺼이 도전장을 내밀 때, 우리는 마침내 삶의 진정한 주인이 될 수 있다. 삶이 나를 시험한다고 느껴질 때 바로 그 순간이 나 자신을 위한 최고의 훈련임을 기억하면 좋겠다. 결국 삶에서 마주하는 모든 일은 나 자신을 위한 연습장이다. 우리는 그 연습을 통해 끊임없이 더 나은 모습으로 나아가는 중이다.

∴

명확하지 않아도
우리는 나아갈 수 있다

∴

 어릴 때를 떠올리면 우리는 늘 계획과 함께였다. 여름방학이 오면 알록달록한 계획표를 벽에 붙였고 공부를 시작할 때면 스터디 플래너를 펼쳤다. 나아가 그 속에서 미래를 차곡차곡 준비하고 있다고 믿었다. 학교에 다닐 때는 주변 친구들의 발자취를 따라 비슷한 목표를 설정하면 괜찮았고 삶은 비교적 단순했다. 그러나 시간이 흘러 어른이 되어보니 마주하게 된 삶은 예상했던 것보다 훨씬 더 복잡하고 모호했다. 인생은 더 이상 단순한 계획표로 표현할 수 없는 수많은 가능성과 변수를 품고 있었다.

 현대사회는 명확한 목표와 확실한 결정을 내리는 사람을 높이 평가한다. 많은 사람이 명확한 계획을 세우고 그 계획대로 차근차근 인생을 살아가는 것이 성공의 열쇠라고 강조한다. 하지만 정작 우리의 현실은 전혀 그렇지 않다. 삶은 끊임없이 변화하는 흐름 속에서 이루어지며, 명확히 설정한 계획도 상황에 따라 쉽게 흐려지거나 바뀌곤 한다. 삶 자체가 불확실성으로 가득 차 있기에 이를 자연스럽게 받아들일 때 오히려 진정한 자유와 가능성을 얻을 수 있다.

 삶이 모호하다는 것은 결코 우리의 실패를 예고하는 신호가 아니다. 오히려 이는 앞으로 수많은 길이 열려 있다는 가능성의 표시이다. 미래가 불분명하다는 것은 우리가 아직 도달하지 못한 가능성으로 가득 차 있다는 의미다. 불확실성 앞에서 두려움을 느끼는 것은 당연한 감정이지만, 그 모호함 속에서만 만날 수 있는 나만의 길과 가능성이 분명히 존재한다. 인생의 방향을 정하지 못하고 방황하며 보낸 시간이 절대 무의미하지 않은 이유는, 그 시간이 바로 나를 탐색하고 나 자신과의 관계를 다지는 시간이기 때문이다.

분명한 계획이나 목표 없이 보낸 시간도 꼭 의미 없는 건 아니다. 그런 시간 속에서도 우리는 조금씩 자신을 더 알아간다. 걸어온 길을 돌아보고 지금 내 주변을 점검하면서 방황의 시기를 잘 넘기는 법, 다시 나아갈 힘을 쌓는 법을 배울 수도 있다. 우리가 길을 잃고 방황한다고 생각했던 그 순간들이야말로 진정한 자아를 찾고 삶을 더욱 풍요롭게 만들기 위한 준비 과정이었다는 사실을 이제는 분명히 알게 되었다. 우리 앞에는 아직 더 많은 가능성이 있다는 걸 잊지 않았으면 한다.

미래가 불확실할 때 우리는 현실에 충실할 수밖에 없다. 내가 당장 할 수 있는 일, 내가 현재 가질 수 있는 목표에 집중하게 된다. 놀랍게도 이 방식은 장기적으로 봤을 때 가장 좋은 결과를 가져다준다. 나는 미래에 대한 막연한 불안과 걱정에 사로잡히는 대신 현재의 나에게 의미 있는 일에 신경을 모았고, 현실에서 하나씩 쌓아가며 삶을 채워나가는 법을 배웠다. 삶은 결국 먼 미래가 아니라 지금, 이 순간의 결정과 행동들이 모여 이루어진다.

명확하지 않은 삶을 받아들이는 일은 쉬운 일이 아니다. 하지만 바로 이 모호함을 견디고 그 속에서 자신만의 길을 찾아 나가는 과정이 우리를 더욱 깊이 있고 단단하게 만들어 준다. 명확하지 않아도 좋다. 우리는 여전히 앞으로 나아갈 수 있다. 명확함을 기다리는 대신 지금 이 순간 자신만의 방식으로 삶을 적극적으로 살아가면 된다.

나는 긍정을 향해 흘러간다

우리는 종종 매일 똑같다고 느끼곤 한다. 내가 보내는 오늘 하루 역시 어제와 크게 다르지 않다. 스마트폰의 작은 화면에서 흘러나오는 영상에 무심히 미소 짓고 하루의 고단함을 달콤한 간식으로 위로받으며 잠시나마 쉬어간다. 가끔은 뜻깊은 일을 성취하며 짧은 성취감을 맛보기도 하고, 소중한 사람들과 함께하는 일상 속에서 작은 행복을 발견하기도 한다. 그러나 최근의 내 하루들은 특별한 사건이나 획기적인 변화 없이 비슷하게 흘러가고 있다.

그렇기에 종종 찾아오는 감정들 역시 늘 비슷

한 패턴을 보인다. 해야 하는 일에 대한 거부감과 무거운 책임감, 자유롭게 놀고 싶은 본능과 현실 사이의 갈등, 변화를 결심하고도 쉽게 달라지지 않는 내 모습에 대한 자기 비난까지. 변화하지 않는 습관은 마치 계절이 반복되듯 자연스럽지만 그 익숙함이 때론 씁쓸하게 느껴질 때도 있다.

그렇다면 내가 정말 불행한 하루를 사는 걸까? 확실히 아니다. 내 하루는 종종 부정적인 감정에 흔들릴지라도 나는 그런 순간들에 머물지 않고 앞을 바라본다. 어려운 상황을 마주할 때면 나는 오히려 조금 더 나은 내일을 꿈꾸고, 내 안의 작은 힘을 긍정의 방향으로 모으기 시작한다.

긍정이란 내가 가진 마법 같은 힘이다. 같은 길이라도 조금 더 밝게 걷게 해주고, 완벽하지 않은 내 모습에도 따뜻한 응원을 보낼 수 있게 해준다. 삶을 부정의 눈으로 바라볼 때 상황이 더 나아지지 않는다는 사실은 누구나 경험한 바 있다. 하지만 같은 상황 속에서도 하늘을 한번 올려다보며 희망을 찾으려 노력할 때, 우리는 다시 시작할 용기와 기회를 얻을 수 있다.

나 역시 처음부터 긍정적인 사람이었던 것은 아니다. 작은 실수 하나에도 쉽게 좌절하고 힘든 상황에 쉽게 지쳐버리곤 했다. 그러나 어느 순간, 부정적인 감정에 빠져드는 자신이 그다지 유익하지 않다는 사실을 깨닫게 되었다. 시간이 지날수록 긍정의 힘을 선택하는 것이 나를 더 나은 사람으로 만들어 준다는 것을 알게 된 것이다. 내가 긍정을 택했을 때 같은 일상에서도 조금 더 명확한 목표가 생기고, 소소한 것들에도 감사의 마음을 느낄 수 있었다.

아직도 긍정이 어렵게 느껴진다면 아주 작은 실천 하나를 제안하고 싶다. 매일 아침, 거울 앞에서 세수를 마친 후 자신의 눈을 바라보며 짧게 말하는 것이다.

"오늘 너는 충분히 잘할 거야. 너는 할 수 있는 사람이니까."

이 작고 단순한 한마디가 쌓이면 생각보다 훨씬 더 큰 변화를 가져올 수 있다. 그렇게 매일 반복되는 긍정의 말이 어느 순간 내 행동과 마음의 방향을 긍정적으로 변화시키고 있음을 깨닫게 될 것이다. 긍정의 믿음이야말로 삶을 앞으로 이끄는 진정한 힘이다.

삶의 방향을 바꾸는 힘은 사실 거창한 변화가 아니라 매일매일 작은 선택을 긍정적으로 만들어가는 데 있다. 지금 나의 하루는 이전과 비슷해 보일지 몰라도 내가 선택한 긍정의 태도가 결국 내 인생의 큰 흐름을 바꿀 수 있다는 믿음이 나를 계속 앞으로 나아가게 한다. 그렇게 나는 오늘도 긍정을 향해 꾸준히 흘러가고 있다.

∴

실패하지 말아야할 순간

∴

　사람들은 종종 "실패는 성공의 어머니"라고 말한다. 물론 이 말이 틀린 것은 아니다. 실패는 많은 경우 성장의 발판이 되며 우리에게 더 큰 배움을 제공하기 때문이다. 하지만 모든 실패가 그렇지는 않다. 어떤 순간에는 실패가 치명적인 후회와 깊은 상처를 남기기도 한다. 사람들은 보통 그런 순간을 떠올릴 때 수능이나 중요한 시험 혹은 큰 사업적 결정 같은 인생의 결정적인 사건을 생각한다. 하지만 정말로 삶에서 실패하지 말아야 할 순간은 조금 다른 곳에 있다. 그것은 바로 '스스로와의 약속'을 지키는 순간이다.

자신과의 약속은 대부분 사소하고 눈에 잘 띄지 않는다. 하루에 30분 운동하기, 하루에 영어 단어 몇 개 외우기, 자기 전에 책을 한 장이라도 읽기 등 아주 작은 습관 같은 것들이다. 이 약속들은 너무나 작아서 때로는 쉽게 넘기거나 무시하기도 한다. 스스로 정한 일이기 때문에 상황에 따라 쉽게 변경하거나 뒤로 미루기 마련이다. 그러나 문제는 바로 그 순간에서 시작된다. 냉정하게 말하면 아무리 그럴듯한 이유가 있어도 스스로 정한 일을 해내지 못하는 것은 자신에게 거짓말을 하는 것과 같다. 다른 모든 일을 완벽하게 해냈다고 하더라도 자신과의 작은 약속을 어긴 사실은 그대로 남게 된다.

언뜻 보면 이는 별것 아닌 사소한 일처럼 보이지만, 실제로는 우리가 상상하는 것보다 훨씬 더 심각한 결과를 가져온다. 자신과의 약속을 지키지 않는 일이 반복되면 서서히 우리의 내면은 자기 자신을 믿지 않게 된다. 자신을 신뢰하지 못한다는 것은 결국 인생에서 가장 중요한 토대가 흔들리는 것과 같다.

우리가 다른 사람과의 약속을 중요하게 생각하는 이유는 약속을 지키지 못하면 신뢰가 깨지고 관계가 멀어지기 때문이다. 그러나 정작 우리는 자신과의 관계에 대해선 너무나 무심하다. 자기 자신과의 관계는 평생 이어지는 가장 근본적인 관계임에도 불구하고 너무도 쉽게 무너뜨리곤 한다. 자신과의 약속을 계속 어길 때마다 우리는 스스로 '나는 믿을 수 없는 사람'이라는 메시지를 무의식적으로 보내게 된다. 결국, 스스로와의 약속을 지키지 못 하는 행동은 자존감을 서서히 갉아먹고 자기 자신에 대한 신뢰를 무너뜨린다.

자신과의 약속을 매번 지키기 위해 노력하는 사람은 정말 강력하고 무서운 사람이다. 왜냐하면 그런 사람은 가장 사소한 부분에서도 쉽게 타협하지 않으며, 어떤 어려움이나 유혹 앞에서도 자신의 결심을 지켜내기 때문이다. 반면 대부분 사람은 사소한 일일수록 더 쉽게 타협한다. 그런 의미에서 자신과의 약속을 반드시 지키려는 사람은 내면이 매우 견고한 사람이라고 할 수 있다.

삶에서 실패하지 말아야 할 순간은 결국 이 '작은 약속'을 지키는 순간이다. 이 순간만큼은 반드시 실패해서는 안 된다. 작다고 해서 중요하지 않은 것이 아니다. 작고 사소한 이 약속을 꾸준히 지켜나갈 때 우리는 자신을 믿게 되고, 삶의 모든 영역에서 더 강한 힘을 얻게 된다. 결국 삶이란 거대한 성취 하나가 아니라 매일의 작고 소소한 약속들이 쌓여 이루어진다. 자신과의 약속을 지키는 일이야말로 우리가 자신을 진정으로 존중하고 사랑한다는 증거이며 삶에서 가장 근본적이고 중요한 성공이다.

3부
꾸준함과 성실함의 가치

❝ 작은 습관과 매일의 성실함이 쌓여
당신의 삶을 특별하게 빛낼 것입니다. ❞

꾸준한 루틴의 필요성

 사람들은 흔히 미래를 위해 살라고 말하지만 현실을 살다 보면 하루하루에 쫓기기 마련이다. 당장 코앞에 닥친 시험, 급한 업무, 처리해야 할 문제들 때문에 우리는 늘 급하지 않은 일들을 뒤로 미룬다. 가끔은 이렇게 밀려난 것들이 '진짜 하고 싶었던 일'이기도 하고 '언젠가는 꼭 해야 하는 일'이기도 하다.

학생 시절을 돌아보면 더욱 그랬다. 시험이 임박하면 모든 일상은 멈춰버렸다. 운동을 좋아했지만 시험 직전에는 헬스장을 찾을 엄두도 내지 못했고 책 읽는 걸 즐기지만 공부할 교과서 외에 다른 책은 펼쳐볼 수도 없었다. 벼락치기로 시험을 끝낸 후 다시 일상으로 돌아가는 데에는 생각보다 큰 에너지가 필요했다. 이렇게 극단적인 생활이 반복되면서 삶의 흐름은 매번 흐트러지고 말았다.

 이런 경험을 반복하며 내가 얻은 중요한 교훈은 루틴이 필요하다는 것이다. 처음엔 루틴이 그저 딱딱하고 지루한 일과표라고 생각했다. 하지만 반복되는 일상을 지나오며 깨달았다. 루틴이란 하루의 흐름을 자연스럽게 만들어 주고, 그 흐름 속에서 현재와 미래 사이에 균형을 잡아주는 든든한 중심이라는 것을 말이다.

 하루의 일정한 흐름이 없으면 우리는 급한 일에 밀려 미래를 위한 시간을 챙길 여유가 없어진다. 하지만 루틴을 정해놓으면 하루의 일정 부분을 항상 '미래에 대한 투자'로 남겨놓게 된다. 운동을 하고, 독서를 하고, 내가 좋아하는 분야를 공부하며 조금씩 시간을 쌓아가는 것이다. 매일의 변화는 눈에 띄지 않을 정도로 미미하겠지만, 시간이 쌓이면 어느 순간 굉장히 단단한 힘으로 내 삶을 떠받쳐 준다.

 물론 바쁜 와중에 미래를 위한 투자를 매일 하기란 쉬운 일이 아니다. 때로는 남들이 알아주지 않는 노력이라는 생각이 들어 포기하고 싶은 날도 있을 것이다. 하지만 하루의 작은 루틴을 통해 쌓인 시간은 절대로 나를 배신하지 않는다. 그것은 아무도 흔들 수 없는 나만의 자산이다.

 지금 당장 자신의 삶을 되돌아보면 어떨까. 하루를 바쁘게만 살며 목표를 위한 시간을 미뤄두고 있지는 않은가. 하루하루 급박한 현재도 중요하지만 루틴을 통해 미래를 위한 작은 투자를 멈추지 않는다면, 언젠가는 꿈꿔왔던 모습으로 살아가고 있는 자신을 마주할 수 있을 것이다.

루틴이란 단지 반복되는 일이 아니라 현재와 미래 사이를 연결하는 튼튼한 다리와 같다. 이 작은 다리를 매일 조금씩 건너다가 보면 우리는 반드시 우리가 바라던 곳에 도달해 있을 것이다.

∴

하루 휴대전화 사용 시간을
줄이려고만 했었다

∴

 사람은 쉽게 바뀌지 않는다는 말을 살면서 수없이 들어왔고 또 직접 느껴왔다. 그런데 그 말이 타인이 아니라 나 자신에게도 똑같이 해당한다는 사실을 인정하기까지는 꽤 오랜 시간이 걸렸다.

 매일 밤 나는 다음 날의 일정을 세우며 하루를 정리했다. 해야 할 일, 가용한 시간, 그리고 내 마음속 작은 여유까지 고려하며 세밀하게 계획을 짜곤 했다. 그러나 현실은 계획만큼 따라주지 않았다. 일정이 눈앞까지 다가온 날을 제외하곤 대부분 날이 계획의 절반도 채 이루지 못한 채 흐지부지 끝나버렸다. 그러면서도 나는 늘 똑같은 변명을 되뇌었다. "오늘은 좀 그랬지만, 내일은 다르겠지."

하지만 다음 날에도 나는 어김없이 같은 실수를 반복했다. 이때 나는 나의 하루가 어떻게 흘러가는지 찬찬히 들여다보기로 했다. 하지만 이에 관한 답은 이미 정해져 있었다. 계획했던 일을 하지 않을 때 나는 늘 휴대폰과 함께였다. 유튜브와 웹툰을 보며 머릿속 생각을 밀어냈고 SNS를 둘러보며 현실의 부담을 잊으려 했다. 나는 이때 이 휴대폰만 통제할 수 있다면 내가 원하는 모습에 가까워질 수 있다고 확신했다.

처음엔 당장 모든 습관을 바꾸는 게 쉽지 않다는 생각에 웹툰부터 끊었고, 유튜브와 SNS에도 하루 사용 시간제한을 두었다. 처음엔 신선했고 변화가 느껴졌다. 하지만 얼마 지나지 않아 나는 또다시 자연스럽게 이전의 나로 돌아갔다. 습관이 무서운 것은 억지로 통제한다고 해서 쉽게 사라지지 않는다는 데 있었다.

 결국 핵심을 잘못 잡았던 것이다. 단지 사용 시간을 줄이는 게 아니라 왜 내가 이 습관을 바꾸고 싶어 하는지를 깊게 생각할 필요가 있었다. 그래서 이번엔 계획표 옆에 내가 이 일을 해야 하는 분명한 이유를 적었다. 운동해야 한다면 '당당한 나로 살아가기 위해'라고 썼고, 독서를 계획했다면 '미래의 더 멋진 나를 위해서'라고 적어 두었다.

 이 사소한 변화가 예상보다 큰 효과를 가져왔다. 목적을 눈앞에 두고 일을 시작하니 더 이상 시간제한을 강제로 하지 않아도 자연스럽게 휴대폰에 손이 덜 갔다. 내가 진짜 원하는 게 무엇인지 명확해지자 그 일에 더 몰입하게 되었다. 생각해 보면 처음부터 내게 필요했던 것은 습관을 억지로 제한하는 것이 아니라 습관을 바꾸려는 분명한 이유였던 셈이다.

그렇게 나는 단순히 휴대전화 사용 시간을 줄이는 것을 넘어, 내 시간을 무엇으로 채우고 싶은지에 대한 본질적인 질문과 마주하게 되었다. 억지로 스마트폰을 멀리하려 애쓰는 대신, 나의 하루를 의미 있는 행동으로 채우는 데 집중하니 휴대폰은 더 이상 피해야 할 방해물이 아니었다. 오히려 내가 원하는 삶을 향해 나아가기 위한 도구가 필요한 순간에만 자연스럽게 손에 쥐게 되는 존재가 되었다. 중요한 것은 '무엇을 하지 말아야 하는가'가 아니라 '무엇을 하고 싶은가'에 대한 깊은 이해라는 깨달음. 이 사소한 발견은 결국 나의 삶의 방향을 설정하는 데 가장 중요한 나침반이 되어주었다.

∴

당신을 기록하라

∴

"당신은 지금 어떤 생각을 하며 살아가고 있는가?"

"오늘 하루는 어떤 모습으로 흘러갔고 앞으로 남은 시간은 어떻게 채울 생각인가?"

우리는 하루에도 수많은 생각과 감정이 머릿속을 스쳐 지나가지만, 이를 기록하지 않은 채 그대로 흘려버리곤 한다. 삶을 둘러싼 복잡한 문제들과 끝없이 반복되는 일상 속에서 자신이 어떤 감정을 느꼈고 어떤 생각을 했는지 제대로 정리하는 사람은 많지 않다. 어쩌면 우리는 너무 바쁘고 지쳐서 혹은 기록하는 습관 자체가 생소해서 무심히 흘려보내고 있는지도 모른다.

 사실 우리가 가진 생각과 감정은 매우 섬세하고 복합적이다. 하지만 언어라는 도구가 지닌 한계 때문에 생각과 감정을 그대로 표현하는 것은 결코 쉬운 일이 아니다. 머릿속을 정리하지 않은 채 입 밖으로 표현하기란 더욱 어렵다. 나 또한 기록을 하지 않던 시절에는 스스로가 어떤 생각을 하고 있는지조차 알지 못했다. 지나고 보면 내 생각과 감정들은 그저 흐릿하고 막연한 채로 지나쳐 가버리고 있었다.

 그러던 어느 날부터 나는 간단한 메모라도 기록하기 시작했다. 하루를 마무리하며 느낀 감정, 순간적으로 떠오른 아이디어, 누군가와 나눈 인상적인 대화, 별다른 이유 없이 문득 든 생각 등 무엇이든 메모장에 적어나갔다. 처음에는 아무런 의미가 없는 것 같았고 내가 무엇을 하고 있는지조차 확신이 들지 않았다. 그러나 시간이 흘러 쌓인 기록들을 다시 펼쳐보았을 때, 놀랍게도 나는 전에는 보지 못했던 내 삶의 흐름과 미처 몰랐던 내 마음을 마주하게 되었다.

기록이란 거창하고 완벽해야만 의미가 있는 것이 아니다. 오히려 일상에서 쉽게 지나쳐버릴 수 있는 소소한 생각과 감정들을 붙잡아두는 것이 기록의 진짜 힘이다. 기록은 나를 특정한 틀에 가두지 않는다. 오히려 내 안의 깊숙한 진실을 비춰주는 거울이다. 기록을 통해 우리는 스스로에 대한 깊은 이해와 통찰을 얻을 수 있다. 과거의 나를 객관적으로 돌아보며 현재 내가 어디쯤 서 있는지, 앞으로 나아갈 방향은 어디인지 점점 명확히 알게 된다.

기록을 한다고 해서 갑자기 큰 변화가 찾아오는 것은 아니다. 하루하루를 성실하게 기록한다고 해서 모든 문제가 즉각 해결되는 것도 아니다. 하지만 기록하는 날과 그렇지 않은 날의 나는 분명히 다르다. 기록이란, 내가 삶을 조금 더 명확하게 바라보겠다는 결심의 실천이며 자신을 더 깊이 이해하기 위한 진지한 노력이다.

 굳이 글을 잘 쓰려고 애쓸 필요는 없다. 기록은 문학적 아름다움이나 뛰어난 문장력을 위한 것이 아니다. 가장 중요한 것은 자신의 내면을 향한 진솔한 용기와 꾸준한 끈기다. 하루 단 한 줄의 기록이라도 한 가지 질문에 대한 짧은 답변이라도 좋다. 그것이 쌓이면 어느새 자신의 내면과 마주하는 순간을 맞이하게 될 것이다.

 당신의 기록이 당신을 더 선명하게 보여줄 것이다. 매일의 작은 기록은 흐릿했던 자신을 뚜렷하게 비추어줄 거울이 되어, 결국 자신을 더욱 풍부하고 깊이 있게 만들어 줄 것이다. 그러니 지금 당장 당신을 기록하라. 기록이 당신을 만나게 해줄 것이다.

우리는 왜 당연한 사실을
행하지 못하는가

우리는 대부분 이미 답을 알고 있다. 건강해지고 싶으면 운동을 하면 되고 시험에서 좋은 성적을 받고 싶으면 공부하면 된다. 사랑받고 싶다면 먼저 상대방을 사랑하면 되고 원하는 꿈이 있다면 꾸준히 노력하면 된다는 것쯤은 누구나 알고 있는 당연한 진리이다. 이렇게 당연한 사실을 우리는 아주 오랜 시간 동안 배워왔고, 어쩌면 이 진리들 덕분에 마음의 위안을 얻었을지도 모른다. 하지만 여기서 중요한 의문이 하나 생긴다. 그렇게 당연하고 간단한 일을, 왜 우리는 쉽게 실천하지 못하는 걸까?

 최근 나에게도 이 문제가 깊은 고민으로 자리 잡았다. 나는 지금 새로운 삶을 살고자 노력 중이다. 더는 과거처럼 습관적이고 무기력하게 살고 싶지 않았고, 나의 꿈을 찾고 삶을 스스로 개척하는 사람이 되겠다고 결심했다. 처음에는 뜨겁게 다짐했고 이전에는 하지 않았던 새로운 도전도 시도했다. 성공한 사람들의 이야기를 듣고 그들의 습관을 따라 해보기도 했으며, 혼자 조용히 앉아 미래를 설계하는 시간도 가지곤 했다.

 하지만 목표라는 게 늘 그렇듯, 현실은 생각처럼 단순하지 않았다. 어떤 날은 모든 열정을 쏟아부어 스스로가 대견할 정도로 불태웠지만, 또 다른 날은 겨우 한 시간만 책상에 앉아서는 게으름을 합리화하며 넘어갔다. 심지어는 내가 정말 꿈을 이루고 싶은지 스스로 의심스러웠던 날도 있었다. 그렇게 계획과 다짐 사이에서 흔들리던 어느 날, 문득 성공이라 불리는 위치에 올라간 사람들 생각이 났다. 물론 그들의 성공에 다양한 이유가 있었겠지만 결국 그들의 공통점은 결국 행동에 나섰다는 거였다.

결국 답은 간단했다. 원하는 것이 있다면 하면 된다. 그것을 더 빨리 이루고 싶다면 더 큰 노력과 시간을 들이면 된다. 이토록 당연한 것을 이제야 깨달았다는 사실에 나는 스스로 놀랐다. 동시에 불안함도 찾아왔다. 이 당연한 사실이 너무 힘들게 느껴졌기 때문이다. 노력이라는 것이 단순한 단어처럼 보이지만, 실제로는 지독한 인내심과 고통을 요구한다. 이 고통을 선택하는 순간에는 어떤 즉각적인 보상도 없다. 이 점이 바로 우리가 당연한 사실을 알고도 행하지 못하게 하는 가장 큰 장벽이 아니었을까.

매일의 선택 앞에서 우리는 아주 쉽게 흔들린

다. 당장 내 눈 앞에 펼쳐진 SNS, 유튜브, 웹툰과 같은 즉각적인 자극과 즐거움이 고통스러운 인내를 견디며 꾸준히 노력해야 얻을 수 있는 미래의 보상보다 매력적으로 보이기 때문이다. 누구나 장기적인 관점으로 생각하면 지금의 고통을 선택하는 것이 현명하다는 사실을 알고 있다. 하지만 눈앞의 유혹이 너무 달콤하기에 우리는 당연한 사실을 자꾸만 잊어버리고 만다.

하지만 이제는 바뀌어야 한다. 우리가 정말 원하는 삶을 살기 위해서, 자신의 가능성을 증명하기 위해서는, 이 당연한 길을 두려워하지 않고 걸어가야 한다. 당연한 사실을 행하는 용기는 단순히 결심 하나로 이뤄지지 않는다. 매 순간 작은 선택을 하고 순간의 즐거움을 포기하는 연습에서부터 시작해야 한다.

오늘부터라도 이 당연한 길을 걷기로 다짐해본다. 그것이 어렵고 고통스러워도 결국 우리의 삶을 원하는 모습으로 이끌어 줄 길임을 믿으며 말이다. 그렇게 작은 한 걸음이 쌓이다 보면 언젠가는 이 당연한 사실을 행하며 살아가는 사람이 되어 있을 것이다. 그 순간이 오면 더는 흔들리지 않고 당연한 것을 당연하게 해내는 삶의 진짜 가치를 마주할 수 있지 않을까. 나 역시 그런 순간을 고대하며 오늘의 작은 고통을 선택해본다.

∴

다짐해라

∴

 사람은 누구나 변화를 꿈꿀 때가 있다. 우리는 때때로 과거의 자신을 돌아보며 왜 그때 더 잘하지 못했는지, 왜 그렇게 살아왔는지 후회하고 자책하기도 한다. 지나간 시간은 돌이킬 수 없고 이미 지나간 자신을 탓해도 아무것도 변하지 않는다. 하지만 바로 지금, 이 순간이 우리가 남은 인생에서 가장 빠르고 효과적인 변화를 시작할 수 있는 유일한 시간이기도 하다.

 다짐은 그래서 특별하다. 새로운 삶의 방향을 잡기 위해 우리는 다양한 노력을 시작한다. 아침 일찍 일어나 플래너를 쓰기도 하고 운동을 하거나 스스로 작은 약속을 만들기도 한다. 그러나 시간이 흘러 며칠이 지나고 나면 그렇게 굳게 세웠던 다짐은 어느새 무뎌지고 기억의 저편으로 사라지곤 한다.

보통은 이 순간에 사람들은 자신을 합리화한다. "원래 나는 아침형 인간이 아니야" 혹은 "플래너 쓰기는 나와 맞지 않아"라고 생각하며 원래의 편안한 상태로 돌아가고, 애초에 자신이 바꾸고자 했던 삶이 무엇인지조차 망각하게 된다. 변화의 다짐은 원래 어렵다. 그동안 살아온 긴 시간과 습관을 한순간의 결심으로 바꾼다는 것이 쉬울 리 없기 때문이다.

그래서 가장 중요한 것은 한 번의 다짐이 아니라 반복적인 다짐이다. 실패했다고 포기하거나 외면하는 것이 아니라 실패를 인정하고 다시 일어나 시도하는 것이 중요하다. 다시 도전했음에도 같은 결과가 나왔다고 해도 괜찮다. 실패에서 배운 교훈은 결코 헛되지 않다. 반복된 시도는 우리를 조금씩 앞으로 밀어줄 것이고, 결국 우리가 처음 목표했던 지점에 다다르지 못하더라도 이전보다 훨씬 가까운 곳에 있을 것이다.

나 역시 이상과 현실 사이의 간극이 큰 사람이다. 원하는 것을 이루기 위해 노력했지만 종종 다시 원래대로 돌아오는 내 모습에 실망하곤 했다. 그러나 그 실패 속에서도 나는 나를 변화시키고자 했던 본래의 마음을 절대로 잃지 않았다. 오히려 반복된 실패와 도전을 거치면서 내가 생각했던 것보다 훨씬 성장했다는 사실을 깨닫게 되었다.

만약 당신이 현재의 자신에게 만족하지 못하고 더 나은 모습으로 나아가고 싶다면 지금 바로 다짐하라. 생각하는 힘은 생각보다 강력하다. 평소라면 포기했을 일도, 외면했을 일도 계속 도전하게끔 만들어 줄 것이다. 시간이 흐를수록 실패에서 배우고 다시 도전하는 습관이 쌓이면, 당신은 분명 이전과는 다른 모습으로 변화할 것이다.

 마음먹는 것이 어려운 사람들을 위한 작은 팁을 공유하자면, 나는 모든 상황을 하나의 시험으로 생각한다. 관계에서 갈등이 생겼다면 이는 내 인간관계 기술을 점검하고 향상시키기 위한 시험이고 공부가 힘들다면 이는 내가 꿈꾸는 미래를 얻기 위한 테스트라고 생각한다. 자신에게 이런 작은 심리적 장치를 걸어두면 예상보다 훨씬 쉽게 도전을 지속할 수 있다.

 우리는 모두 변화할 수 있고, 결국 해낼 것이다. 다짐하고, 포기하지 않고 나아가자.

매일의 성장이 쌓이면 특별해진다

영화 속에서 주인공이 목표를 향해 필사적으로 노력하고 마침내 그 꿈을 이루는 장면을 보면 우리는 감탄과 감동을 느낀다. 주인공이 겪는 수많은 어려움과 좌절, 그리고 끝내 찾아오는 성공의 순간은 현실에서 쉽게 접할 수 있는 일이 아니다. 그래서 우리는 영화 속 이야기에서 특별한 만족감과 카타르시스를 얻는다. 하지만 영화가 제한된 시간 동안 담아낼 수 있는 것은 결국 극히 일부분일 뿐이다. 긴 시간과 수많은 노력이 있어야 하는 과정이 몇 분 안에 빠르게 지나가면서 마치 성공이라는 것이 비교적 쉽게 찾아올 수 있는 것처럼 느껴지곤 한다. 우리는 여기서 아주 미묘하고 위험한 함정에 빠진다.

 그 함정이란 바로 '과정의 힘'을 과소평가하는 것이다. 실제로는 수개월, 수년 혹은 그 이상이 걸리는 긴 훈련과 인내의 시간이 영화 속에서는 짧게 압축되고 아름답게 꾸며져 있다. 이로 인해 현실에서는 마주하기조차 힘든 어려움이 다소 낭만적이고 가볍게 느껴질 수도 있다. 결국 우리는 성공을 위한 과정이 얼마나 어렵고 고통스러운지, 얼마나 인내와 꾸준함을 요구하는지를 쉽게 간과하고 만다.

 사실 이것은 영화뿐만 아니라 우리가 살아가는 현실 사회에서도 마찬가지이다. 사회는 대부분 결과에 신경을 쓴다. 높은 성과와 눈에 띄는 성공만을 인정하고 주목하다 보니, 그 성공이 있기까지의 작은 노력이 얼마나 중요한지는 종종 잊히고 만다. 하지만 세상에 하루아침에 만들어지는 것은 아무것도 없다. 위대한 성취는 모두가 보지 못한 곳에서 보이지 않는 작은 순간들이 쌓이고 또 쌓인 결과다.

누구나 한 번쯤 들어봤을 말이 있다. 매일 1%씩 성장하면 1년 후엔 약 37.8배 성장하게 된다는 이야기다. 하루의 1% 성장이 그리 특별하거나 대단해 보이지 않을 수 있지만, 이것이 반복되고 누적되면 시간이 지날수록 믿기지 않을 만큼 큰 차이를 만들어낸다. 작고 미미해 보이는 매일의 성장이 결국 거대한 결과로 이어지는 것이다. 이를 기억한다면 우리는 당장 눈앞에 보이는 극적인 성과보다는 매일의 꾸준한 노력을 소중히 여기게 될 것이다.

그러나 인간의 마음은 대개 큰 목표와 화려한 성공에 쉽게 매료된다. 물론 큰 목표가 주는 매력과 동기는 부정할 수 없지만, 문제는 목표가 크고 거창할수록 시작이 두려워지고 부담이 커진다는 점이다. 높은 산의 정상만 바라보면 한 걸음 내딛기조차 힘들지만, 눈앞에 보이는 작은 언덕이라 생각하면 한 걸음 쉽게 움직일 수 있다. 이처럼 목표를 작고 명확하게 나누어 바라보는 것이 지속성을 유지하는 데 큰 도움이 된다.

이러한 지속성의 예시로 한국인 최초 UFC 13승을 기록한 김동현 선수는 훈련을 시작할 때 가볍고 단순한 마음으로 임한다고 했다. 목표를 크고 무겁게 잡으면 시작조차 어렵기 때문에, 그는 매일의 작은 노력을 중요시하며 꾸준히 나아갔다고 한다. 하루에 1%만 성장하겠다는 마음으로 시작하면, 실제로 더 많은 것을 해내고 싶어지는 자신의 모습을 발견하게 될 것이다. 일단 시작하면 그 시작 자체가 더 큰 성취를 위한 디딤돌이 된다.

물론 솔직하게 말하자면 매일 꾸준히 성장하겠

다는 결심을 행동으로 옮기고 지속하는 것은 결코 쉬운 일이 아니다. 오히려 무척이나 어려운 일이며 누구나 쉽게 포기하거나 지치기 마련이다. 하지만 바로 그 어려움을 견디고 꾸준히 실천하는 그 과정이 우리가 생각하는 것 이상으로 큰 힘을 지닌다. 작은 성장을 계속 반복할 때 비로소 우리의 삶은 특별해지고 내가 상상했던 것 이상으로 놀라운 결과가 눈 앞에 펼쳐질 것이다.

 이 글을 읽는 당신이 나와 함께 매일의 성장을 다짐하고, 작지만 의미 있는 하루를 차곡차곡 쌓아가기를 진심으로 바란다. 눈에 보이지 않는 성과에 지쳐 멈추고 싶을 때도 있겠지만, 매일의 작은 노력이 결국 당신을 특별하고 단단한 사람으로 만들어 줄 거라는 걸 잊지 말자.

4부
용기 있는 도전과 실천의 힘

" 망설임을 넘어 지금 바로
시작하는 것이 당신의 삶을 변화시키는
첫걸음입니다. "

고민에 갇히지 말고 일단 시작해라

 "신중하게 생각하고 말해라. 깊이 고민하고 결정해라." 우리는 이런 말을 들으며 자랐다. 나 또한 이런 충고를 마음에 품고 살아왔다. 언제나 논리적이고 합리적인 결정을 내리는 것이 현명하다고 믿었기 때문이다. 하지만 시간이 흐를수록 이 신중함과 고민이라는 것이 오히려 내 삶에 걸림돌이 되고 있다는 것을 알게 되었다.

 나에게는 완벽하게 해내고 싶다는 욕심이 있었다. 그래서 시작하기 전 모든 것이 완벽히 준비되어 있어야 했다. 작은 부분 하나까지 철저히 점검하지 않으면 불안했고, 이 불안함 때문에 시작 자체가 점점 늦어지곤 했다. 결국엔 완벽함을 추구하는 사이에 기회를 놓치고 후회만 남았다. 내가 할 수 있었음에도 시작조차 하지 못한 일들이 많았다는 사실은 늘 나에게 큰 아쉬움으로 남았다.

그런 순간들이 쌓이며 한 가지 중요한 것을 배웠다. 그것은 바로 '시작'이 얼마나 중요한지였다. 시작하지 않으면 결코 변하는 것이 없다. 아무리 완벽하게 준비했다고 해도 행동하지 않으면 모든 것이 무의미했다. 오히려 부족함 속에서 용기를 내고 작은 걸음이라도 떼는 순간부터 진짜 변화가 시작된다는 사실을 깨달았다.

만약 지금 목표가 너무 커 보이고 어디서부터 시작해야 할지 막막하다면 목표를 잘게 쪼개보라고 권하고 싶다. 아무리 어려워 보이는 문제라도 작은 조각으로 나누면 쉬운 것부터 하나씩 해결할 수 있다. 목표를 작게 나누면 작은 성취감을 계속 느끼게 되고 그것이 다음 단계를 밟아 나갈 원동력이 된다. 내가 경험해 본 바로는 아주 작은 목표라도 이루고 나면, 자신감이 생겨 다음 단계가 더욱 수월해지고 결국에는 생각지도 못했던 큰 목표까지 도달하게 된다.

물론 생각하고 고민하는 시간도 중요하다. 하지만 고민이 너무 길어지면 결국 행동할 기회를 놓치고 만다. 그러니 생각은 적당히 하고 먼저 행동으로 옮겨보자. 처음부터 완벽한 결과가 나오지 않아도 괜찮다. 중요한 것은 시작했다는 사실 자체이며, 시작했기 때문에 얻을 수 있는 배움과 성장이다.

그러니 이제는 고민에서 벗어나 과감히 시작해보자. 완벽함에 대한 부담을 내려놓고 작게 나눈 목표를 하나씩 이루며 앞으로 나아가자. 그렇게 행동을 시작하는 순간, 이미 당신의 삶은 긍정적으로 바뀌기 시작할 것이다.

선택과 집중

 우리는 살면서 끊임없이 선택을 요구받는다. 때로는 무언가를 이루고 싶을 때, 또 때로는 무언가를 참아야 할 때도 그렇다. 그런데 그 선택이라는 것이 생각보다 훨씬 어렵다. 다이어트를 결심한 순간부터 마주치는 맛있는 음식의 유혹, 시험 기간 책상 앞에서 자꾸만 시작하게 되는 끝없는 정리 정돈처럼 말이다. 목표를 이루겠다는 결심을 흔드는 자극들은 언제나 우리 주변을 맴돌고 있다.

 사실 문제는 여기서 끝나지 않는다. 우리가 흔히 놓치는 또 다른 문제는 우리가 원하는 것이 너무 많다는 사실이다. 좋은 몸매를 갖고 싶고, 인간관계도 잘 유지하고 싶으며, 직장에서도 인정받길 원하고, 취미도 근사하게 즐기면서 돈까지 풍족하게 벌었으면 좋겠다. 이 모든 목표를 한꺼번에 성취하는 건 불가능에 가깝다는 걸 알면서도 우리는 욕심을 쉽게 내려놓지 못한다.

내게도 이런 경험이 있었다. 내가 해야 할 일을 계획하고 목표를 세우면서 이것도 하고 싶고 저것도 해내고 싶다는 생각이 자꾸만 커졌다. 그런데 현실은 언제나 예상보다 차가웠다. 여러 가지 목표를 잡으려 하니 어느 것 하나 온전히 이뤄내지 못했다. 결국 나는 어느 순간 둘 다 놓친 채 좌절감을 느끼고 있었다.

친구가 비슷한 고민으로 나를 찾아온 적이 있었다. 외국어 시험과 원하는 분야의 자격증을 모두 3개월 이내에 따고 싶은데 가능하겠냐고 묻는 친구에게 나는 망설임 없이 하나에만 전념

하라고 권했다. 두 가지 모두 좋은 목표였지만 두 가지를 동시에 이루는 건 현실적으로 어렵다고 생각했기 때문이다. 결국 친구도 두 마리 토끼를 모두 잡으려다가 둘 다 놓치기보다 하나라도 확실히 잡는 편이 낫다고 판단했다. 그때 나는 스스로에게도 같은 원칙을 적용해야 한다는 걸 깨달았다.

그렇다면 우리는 어떻게 목표를 선택하고 집중해야 할까? 세계적으로 성공한 투자자인 워런 버핏은 '25-5 규칙'이라는 방법을 제안했다. 방법은 간단하다. 자신이 이루고 싶은 목표 25가지를 먼저 적어보고 그중 가장 중요한 5개만 남기고 나머지 20개는 미련 없이 지우라는 것이다. 여기서 핵심은 중요한 5가지 목표에 온전히 집중하기 위해서 나머지 20가지 목표에 대한 욕심과 미련을 철저하게 버리는 것이다. 왜냐하면 가치 있어 보이지만 실제로는 우리의 집중력을 흩어지게 만드는 방해 요소가 되기 때문이다.

얼핏 보면 포기하는 것처럼 느껴질지도 모른다. 하지만 사실 이 방식은 포기가 아니라 진정한 의미의 집중이다. 성공한 사람들의 공통점은 많은 일을 동시에 해낸다는 것이 아니라, 중요한 일 몇 가지에 자신의 모든 시간과 에너지를 집중해서 확실한 결과를 만들어낸다는 것이다. 수많은 목표를 동시에 추구하는 것이 성공으로 향하는 지름길이라고 믿지만 실제로는 목표가 많을수록 각 목표에 열중할 시간과 에너지가 줄어들어 원하는 결과를 내기 어렵다.

이 방법을 실천하기 위해 내가 해본 일은 다음과 같았다. 종이 한 장을 꺼내서 정말 이루고 싶은 목표 25가지를 빠르게 적었다. 적다 보니 내 마음을 사로잡았던 목표들이 꽤 많았다. 하지만 이내 현실적으로 생각해서 정말 간절한 목표 5개만 남기고 나머지는 과감히 지워버렸다. 처음에는 그 나머지 목표들을 버리는 것이 아쉽고 두렵기도 했지만, 곧 나는 의외로 단순한 진실을 알게 되었다. 목표가 적을수록 나는 그것을 이루기 위한 더 명확한 길을 볼 수 있었고 집중력도 이전보다 훨씬 깊어졌다.

어쩌면 우리가 인생에서 진짜 해야 할 선택은 '무엇을 하느냐'가 아니라 '무엇을 하지 않을 것인가'를 결정하는 일일지도 모른다. 모든 것을 다 이루고 싶겠지만 실제로 중요한 것은 가장 가치 있는 몇 가지를 제대로 해내는 것이니까. 선택과 집중이야말로 삶을 진정 원하는 방향으로 이끌어줄 가장 확실한 방법일 것이다.

이제 종이를 꺼내 당신의 목표 25가지를 적어보자. 그리고 정말 가치 있는 5개만 남기자. 그 과정에서 당신이 진짜 원하는 것이 무엇인지 더욱 명확하게 보일 것이고, 그것을 이루기 위한 진정한 첫걸음을 내딛게 될 것이다. 목표를 좁히고 마음을 다해 몰입하자. 그 선택이 결국 우리가 원하는 삶에 도달하게 해줄 것이다.

∴

완벽한 동기 없어도 괜찮다.
불안도 동기다

∴

　때로는 삶을 살아가는 이유가 명확히 보이지 않을 때가 있다. 무엇을 하고 싶은지도 모르겠고 무엇을 해야만 하는지도 알 수 없다. 그저 불안감만이 짙게 깔려 마음을 무겁게 누를 때가 있다. 하루가 지나 또 하루가 찾아와도 내가 제대로 가고 있는 건지 확신이 없을 때, 나는 일단 무언가를 손에 들고 움직이기 시작한다. 종이를 꺼내 메모를 하거나 책을 펼쳐 무언가를 읽으며 애매하고 모호한 움직임이라도 억지로 만들어내려 애쓴다. 돌이켜보면 그때의 나를 움직였던 가장 큰 힘은 명확한 꿈이나 목표가 아니라 바로 불안이었다.

 내 삶에서 가장 의미 있었던 변화나 시작의 순간들을 돌아보면 대부분 확신이 아니라 막연한 불안에서 출발했음을 깨닫는다. "이대로 괜찮을까? 이대로 있다가는 아무것도 이루지 못하는 것이 아닐까?" 하는 불안과 초조함이 나를 일으켜 세웠다. 불안감은 결코 유쾌한 감정이 아니다. 고통스럽고 혼란스러우며 때로는 자신을 의심하게 만들기도 한다. 하지만 적어도 나를 멈추게 두지는 않았다. 그 불안은 나를 계속 움직이게 하고 결국엔 앞으로 밀어내는 힘이 되었다.

 우리는 이유와 동기에 지나치게 집착하며 살아간다. 사람들은 항상 우리에게 "왜 이 일을 하느냐"고 묻는다. 이에 대해 "불안해서요"라는 답을 내놓으면 쉽게 받아들여지지 않는다. 그래서 우리는 때로 그럴듯한 동기와 이유를 만들어내야 했다. 하지만 진실은 단순하다. 우리가 하는 많은 일이 위대하고 숭고한 목적이 아니라 그저 가만히 멈춰 있을 수 없어서 시작되곤 한다. 동기가 불안이라는 사실은 부족하거나 부끄러운 것이 아니라 그 자체로 충분히 정당한 이유이다.

명확한 방향을 찾지 못해 방황했던 순간에도 나는 멈추지 않으려 노력했다. 뚜렷한 목표가 없다는 사실은 두렵지만, 방향 없이 걸었던 그 길 위에서 오히려 나 자신을 더 명확히 발견할 수 있었다. 모든 길에는 의미가 있다. 때로는 애매하고 불확실한 길이기에 예상하지 못한 풍경을 만나고 나 자신을 더 깊이 이해할 수 있다. 불안이 만들어낸 움직임들도 결국 나를 이루는 한 조각이 되었고, 지금의 나를 형성하는 중요한 재료가 되었다.

불안하다고 해서 멈추는 것이 아니라 불안해서 계속 나아가는 것이다. 정확한 목표가 없어도 괜찮다. 불안해서 시작한 것에도 우리의 진심이 담길 수 있으니까. 사람들은 불안해서 도망치는 거라고 말할지 모르지만, 어쩌면 불안은 멈추고 싶지 않은 마음의 또 다른 이름일지도 모른다.

막연한 불안이 때로는 가장 강력한 동기다. 그것은 내가 삶을 포기하지 않고 더 나은 무언가를 찾으려는 마음의 증거이며 살아있음을 증명하는 힘이다. 불안하기에 움직이고 움직이기에 성장하는 것이다. 그러니 완벽한 이유가 없어도 괜찮다. 때론 불안 그 자체가 가장 솔직하고 강력한 동기가 될 수 있기 때문이다.

멈추는 것도 방향이다

 나는 늘 앞으로 나아가는 것만이 옳다고 생각하며 살아왔다. 마치 멈추는 순간 실패하거나 뒤처질 것이라는 두려움이 본능처럼 몸에 새겨져 있었다. 돌아보면 우리 사회는 끊임없이 움직일 것을 강요했다. 정지하거나 잠시 쉬어가는 것은 마치 실패의 다른 이름인 것처럼 우리를 압박했다. 그래서 나 역시 무언가 하지 않으면 죄책감을 느끼고 불안했다. 정지하는 순간 세상 모두가 나를 앞질러 갈 것 같았다.

 그러나 삶을 살아갈수록 깨닫는 것이 있다. 멈추어야만 볼 수 있는 것들이 존재한다는 사실이다. 달릴 때는 주변 풍경이 제대로 눈에 들어오지 않는다. 목적지를 향해 맹목적으로 내달리다 보면 정작 자신의 몸 상태나 페이스는 뒷전으로 밀려나기 쉽다. 오히려 잠시 멈춰 서 있을 때 비로소 내가 어디를 향해 가고 있었는지, 지금 내가 하고 있는 일이 진정 원하는 방향과 맞는지 명확히 돌아볼 수 있다.

인생의 목표는 움직이는 도중에는 쉽게 흐릿해진다. 속도를 줄이거나 잠시 멈춰야만 그 목표가 다시 선명해지고 그 방향이 올바른지 스스로 물을 수 있다. 때로는 멈추어 방향을 수정하거나 아예 목표 자체를 바꾸는 일이 필요하다. 무작정 앞으로만 간다고 해서 반드시 성공으로 이어지는 것은 아니다. 오히려 목적 없이 움직이는 것은 방향을 잃고 길을 헤매는 것과 같다. 진정한 목적지를 찾아가기 위해서는 잠시 멈춰서는 용기가 필수적이다.

멈추는 행위는 단순히 쉬는 것이 아니라 자신과 깊은 대화를 나누는 시간이다. 내가 왜 이 길을 선택했는지, 이 길을 계속 가야 하는 이유는 무엇인지, 혹은 더 나은 길은 없는지 진지하게 고민하는 시간이다. 움직임을 멈추었을 때, 우리는 자신의 내면과 가장 밀도 있는 대화를 나눌 수 있다. 멈추는 시간이야말로 자기 삶을 깊이 있게 들여다보는 가장 값진 시간이다.

물론 멈추는 일은 불안을 동반하기도 한다. 남들보다 뒤처지거나 지체되는 것 같아 두려울 수 있다. 하지만 그 잠시의 불안은 우리의 삶을 더욱 견고하고 명확하게 만들어 준다. 불도저처럼 무작정 앞으로 나아가는 삶은 언젠가 방향을 잃고 무너질 위험이 있다. 반면에 잠시 멈추어 자신을 점검하고 방향을 수정한 뒤 나아가는 삶은 더 단단하고 지속 가능한 미래를 만든다.

삶의 속도를 줄이고 잠시 멈추는 일이 결코 낭

비가 아니라는 사실을 기억하자. 어쩌면 멈추는 순간이야말로 앞으로 나아가는 가장 중요한 방향일지 모른다. 인생의 진정한 목적지는 달리는 중이 아니라 멈춰 섰을 때 오히려 잘 보인다. 그러니 잠시 멈춰도 괜찮다. 멈추는 것도 삶을 살아가는 분명한 방향이다.

작은 울림이 만든 변화

나는 처음부터 주변을 세심하게 챙기고 배려하는 사람이 아니었다. 가족은 당연한 존재였고 친구들과의 관계는 특별히 노력하지 않아도 늘 그 자리에 있을 것이라 여겼다. 사람 사이의 관계는 내가 특별히 신경 쓰지 않아도 자연스럽게 흘러가는 것이라 믿었기에 한동안은 주변 사람들에 대해 깊이 고민해 본 적이 없었다. 그러나 어느 순간 나도 모르게 작고 조용한 순간들이 나를 조금씩 흔들며 변화시키고 있었다.

학교에 다닐 때는 친구가 항상 주변에 존재했다. 학교라는 공간에서 늘 마주치고 비슷한 고민을 나누었기에 친구라는 관계가 당연하고 영원히 변하지 않을 것처럼 여겨졌다. 하지만 시간이 흘러 각자의 삶이 시작되자 상황은 크게 달라졌다. 친구들과의 공통점은 점점 줄어들었고 서로의 일상을 공유할 시간도 사라져갔다. 어느새 우리가 어떤 삶을 살고 있는지, 마음 깊은 곳에서 어떤 고민을 하고 있는지조차 모르게 되었다. 그제야 알게 됐다. 나는 인연들을 그냥 내 곁을 스쳐 지나가게 두고 있었고, 진정으로 소중한 친구들을 제대로 챙기지 못한 채 살아가고 있었음을 말이다.

그 이후 나는 내가 맺은 인연들을 이제는 가볍게 흘려보내지 않기로 했다. 때로는 친구들에게 진심으로 고마운 마음을 전하고 부족한 나의 모습을 이해하고 좋은 면을 봐준 것에 감사를 표현했다. 내 삶을 스쳐 간 많은 인연 중 소중한 이들을 한 명 한 명 진심으로 챙기고 싶었다. 친구들과의 만남을 우연히 스쳐 가는 시간이 아니라 진심이 담긴 인연으로 만들어가려고 노력 중이다.

 부모님과의 관계도 마찬가지였다. 늘 부모님께 잘해야겠다는 생각은 하고 있었지만, 정작 나의 행동을 돌아보면 결코 그렇지 않았다. 가장 가까이 있어 당연한 존재가 되어버린 부모님께 나는 무뚝뚝한 태도를 보이곤 했고 그분들의 진심 어린 말을 쉽게 지나치곤 했다. 그러던 어느 날 친구가 부모님께 다정하게 말을 건네는 모습을 우연히 보게 되었고, 그 장면이 내 마음을 깊이 흔들었다. 나는 그 순간 부모님의 존재를 다시금 떠올리게 되었고 그동안 내가 얼마나 소중한 존재를 무심히 대해왔는지 깨달았다. 나를 생각하며 하시는 부모님의 말씀이 얼마나 깊은 마음에서 우러난 것인지 이해하게 되었고 이후부터는 부모님께 더 자주 다정한 말을 건네고 진심을 표현하려 노력하고 있다.

아주 평범한 날, 강아지가 조용히 내 손 위에 얼굴을 올려놓고 가만히 기대는 날이 있었다. 그 순간 나는 이 작은 생명에게 오늘 하루가 얼마나 소중한 시간일 수 있을지 문득 생각하게 되었다. 그 짧고 평범한 순간 나는 온전히 그 아이와 함께했고 작은 울림이 내 마음을 가득 채웠다. 그날 이후로 나는 일상의 사소한 순간이 얼마나 귀중하고 특별한 의미를 담고 있는지 깨닫게 되었다.

삶의 변화를 일으키는 계기는 항상 거창하거나 특별하지 않다. 때로는 아주 평범하고 일상적인 순간 하나가 조용한 울림 하나가 우리의 내면 깊숙한 곳에서 큰 변화를 만들어낸다. 나는 그 순간에는 몰랐지만 지나고 보니 그 작은 사건들이 내 삶의 중요한 전환점이 되어 있었다. 결정적이고 극적인 사건이 아닌 작고 미세한 감정의 흔들림과 우연한 만남이 인생의 방향을 서서히 움직이고 있었다.

우리는 대개 삶에서 무언가 결정적인 사건이나 큰 계기를 기다린다. 하지만 삶은 언제나 사소한 순간과 작은 깨달음으로 방향을 바꾸곤 한다. 그러니 지금 우리가 보내는 아주 평범한 하루도 어쩌면 나중에 돌아봤을 때 특별한 기억으로 남아 있을지 모른다. 중요한 것은 그 순간을 무심히 보내지 않고 잠시 멈춰 진심으로 느끼려는 마음이다. 오늘 하루의 작은 순간이 쌓여 우리 삶을 만든다는 사실을 기억하며 그 순간들을 소중히 여겨야 한다.

아주 사소한 울림일지라도 그 울림 하나가 우리를 변화시키고 성장하게 할 것이다. 결국 우리의 삶은 이런 작고 평범한 울림들이 쌓여 만들어지는 특별한 이야기다.

지금이 당신에게 딱 맞는
때일 수 있다

어릴 적에는 나의 성공을 당연히 다가올 미래처럼 이야기했다. 내 미래는 당연히 화려할 것이라 믿었고 그 순간이 그저 아직 오지 않았을 뿐이라고 생각했다. 그리고 지금 와서 돌아보니 그때 그렸던 이상과 현실 사이에는 생각보다 큰 거리가 있었다. 유튜브나 SNS를 통해 어린 나이에 이미 큰 성공을 거둔 사람들의 이야기를 쉽게 접하게 되면서 나는 어느새 조급함과 불안을 느끼게 되었다. 모두가 나보다 훨씬 앞서 나가는 듯 보여서 나도 조금 조급해졌다.

우리 사회는 입시나 취업, 결혼 등 모든 것에 정해진 기준을 두고 나이를 잣대로 삼아 사람들을 평가한다. 몇 살까지는 이룰 것을 이뤄야 하고 그것을 넘기면 늦었다고 단정 지어버린다. 우리는 이런 사회적 기준에 얽매여 마치 정해진 시간표대로 살아가야 하는 것처럼 자신을 몰아붙이고 있다. 하지만 모든 사람의 인생은 같을 수 없다. 우리 각자는 서로 다른 삶의 조건을 갖고 태어났으며, 서로 다른 시간과 속도로 나아가고 있기 때문이다.

중요한 것은 타인과의 경쟁이나 남들보다 빨리 이루는 성취가 아니다. 나는 오히려 지속 가능한 성공과 행복을 원한다. 남들이 부러워하는 성공일지라도 나 스스로 원하지 않는 분야라면 그것이 과연 진정한 성공일 수 있을까. 짧은 시간 눈부시게 빛나는 반짝스타보다는, 내가 진정으로 흥미와 애정을 느끼는 일에서 지속적으로 성장하고 오래도록 빛날 수 있는 사람이 되고 싶다.

 그런 면에서 나는 KFC 창립자 커넬 샌더스의 이야기를 특별히 좋아한다. 그는 수많은 실패와 직업 전환을 반복하다가 65세가 되어서야 자신만의 치킨 레시피로 세상에 도전했고 70세가 넘어 세계적인 브랜드로 성공을 거두었다. 그의 이야기를 떠올릴 때면 내가 지금 느끼고 있는 조급함과 초조함이 작아지며, 나이가 늦었다고 생각했던 나 자신이 부끄러워진다. 오히려 나의 앞에는 얼마든지 더 큰 도전과 가능성이 기다리고 있다는 자신감을 느끼게 된다.

 모두에게는 각자만의 때가 있다. 벚꽃이 4월에 피고 해바라기가 7월에 피듯, 사람마다 꽃이 피는 계절과 시간이 다를 뿐이다. 남보다 늦게 피었다고 해서 그 꽃이 덜 아름다운 것은 결코 아니다. 우리는 각자의 계절 속에서 가장 아름답게 피어날 수 있다. 지금 당신이 늦었다고 느낀다면 그 생각을 버려도 좋다. 당신에게 딱 맞는 시간은 바로 지금일지도 모르니까. 남들의 속도와 비교하기보다는 자신만의 리듬을 찾아 묵묵히 걸어간다면 결국 당신의 삶은 그 누구보다 멋지고 찬란하게 빛날 것이다. 이 순간부터 당신만의 꽃을 피우기 시작하면 된다.

의욕이 없어도 해내야만 한다

　가끔은 눈을 뜨자마자 하루가 이미 패배한 게임처럼 느껴지는 날이 있다. 피곤함과 무기력이라는 강력한 적이 나를 침대 위에서부터 덮쳐버린다. 아침부터 지친 이유를 찾으며 우리는 자기합리화의 달인이 되어 중얼거린다. "오늘 하루쯤은 져도 괜찮잖아. 내일은 잘하면 되니까." 하지만 이상하게도 그런 '내일'은 잘 오지 않는다. 미루는 습관은 마치 고장이 난 기계처럼 언제나 똑같은 변명을 내놓을 뿐이다.

　쉬어야 할 때와 도망치는 순간을 헷갈리는 건 인간의 놀라운 재능 중 하나다. 하지만 사실 우리는 이미 마음 깊은 곳에서 그 답을 알고 있다. 내가 지금 침대 위에서 꾸물거리는 이유가 정말로 필요한 휴식인지, 아니면 단지 책임과 마주하는 게 두려운 도피인지 말이다. 우리는 때로 그 미묘한 선을 구분하지 않으려 노력하지만, 결국 피할 수 없는 현실로 돌아가야 한다는 걸 안다.

 사람들은 흔히 '의욕'을 기다린다. 충분한 의욕이 생겨야 일을 시작할 수 있다고 생각한다. 그런데 사실은 조금 다르다. 의욕은 일을 시작한 후에야 서서히 모습을 드러낸다. 게임에서 특정 미션을 클리어해야 얻을 수 있는 보상 아이템처럼 말이다. 현실도 다르지 않다. 책상 앞에 앉아 아무 생각 없이 종이 위에 낙서를 시작하거나 운동하기 싫어도 일단 헬스장 문을 열고 들어서는 것. 그 별것 아닌 행동들이 결국 '의욕'이라는 보상 아이템을 내게 안겨준다.

나는 가끔, 현실과 동떨어져 보이는 뻔한 영웅 이야기를 좋아한다. 그런 이야기 속 주인공이 영웅이 되는 건 언제나 아주 작은 선택 때문이었다. 쉬운 길 대신 어려운 길을, 도망치는 대신 맞서는 것을 선택한 순간, 그들은 평범함을 벗어나 특별한 존재가 된다. 물론 우리 삶이 언제나 극적인 모험은 아니지만 우리에게도 비슷한 선택의 순간은 분명히 있다. 그 순간에 무엇을 선택하느냐에 따라 내가 성장할지 아니면 그 자리에 머물러 있을지 결정된다.

하루의 작은 승리는 처음에는 미미해 보인다. 하지만 무기력과의 작은 싸움에서 승리하는 날이 하나씩 쌓이면 어느 순간 스스로에 대한 믿음이 단단하게 형성된다. 그 믿음은 더 큰 일을 도전하게 하는 자신감이 되고 의욕을 만들어낸다. 그렇게 나를 믿게 되는 날들이 쌓여서 삶이라는 게임을 즐기는 사람이 될 수 있다.

오늘도 당신이 침대에서 일어나 작은 승리를 선택했다면 이미 충분히 잘하고 있다. 아주 작지만 중요한 결정을 내린 당신이야말로 진정한 플레이어다. 한 걸음씩, 더 나은 캐릭터로 성장할 당신을 언제나 응원한다.

∴

돌아오지 않을 단 하나의 삶

∴

　나는 꽤 오랫동안 어떤 결정을 앞두고 갈팡질팡했다. 하고 싶은 마음이 없는 건 아니었지만 왠지 확신이 서지 않았다. 이 선택이 과연 옳은지, 실패했을 때 내가 견딜 수 있을지, 지금보다 더 좋은 때가 오지 않을지 생각하면 마음은 점점 작아졌고 어느새 나는 그 결정을 마음속 깊숙한 곳에 묻어 두었다. 지금이 아니라 나중에 하자고 자신을 설득하면서 말이다.

　그렇게 시간이 흐르던 어느 날, 문득 내게 낯선 질문 하나가 떠올랐다.

"만약 다시 태어난다면 그때는 내가 포기했던 이 일을 꼭 해보고 싶을까?"

머릿속에 던져진 이 질문은 나를 흔들었다. 그런데 나는 놀라울 만큼 아무 고민 없이 "그렇다"라고 답했다. 두 번째 삶이 존재한다면 나는 분명 그때 포기했던 그 일을 다시 붙잡을 것이다. 적어도 한 번은 끝까지 시도해보겠다는 생각이 들었다. 그 순간 나는 깨달았다. 우리가 살아가는 이 삶이 오직 단 한 번이라는 너무나 당연한 사실을 지금껏 모른 척하고 있었다는 것을.

그제야 마음이 급해졌다. 내 삶의 마지막 순간을 상상해 봤을 때 가장 아쉬울 일은 뭘까. 아마도 실패한 기억보다 시도조차 하지 않은 일들일 것이다. 차라리 실패했다면 그것을 경험이라 부를 수 있지만, 시도조차 하지 않았다면 내 기억엔 공백만이 남는다. 그 공백이 가져올 후회가 얼마나 깊고 길 것인지 나는 뼈저리게 깨달게 되었다.

 더 이상 미룰 이유가 없었다. 여전히 준비가 완벽한 건 아니었다. 불안감은 사라지지 않았고, 상황 역시 크게 달라지지 않았다. 그런데도 나는 일단 시도한다. 결과적으로 다행히 좋은 성과가 있었지만 무엇보다 나를 행복하게 만든 것은 바로 '시도했다는 사실 그 자체'였다.

 삶에서 대부분 사람은 시간이 없다는 이유로, 나이가 많다는 핑계로, 혹은 현실적인 어려움을 탓하며 원하는 일을 포기한다. 하지만 냉정히 돌아보면 그런 제약들은 단지 그럴듯한 자기합리화에 불과하다. 결국 내 삶의 가장 큰 장애물은 언제나 내 마음속 두려움이었다.

 이제 나도 분명히 안다. 정말 하고 싶은 일이 있다면 지금 이 순간을 넘겨서는 안 된다는 사실을 말이다. 삶은 다시 돌아오지 않고 과거의 순간을 복구할 방법도 없다. '언젠가'라는 단어로 시작된 약속은 결국 '절대 이루지 못할 약속'이 될 가능성이 크다.

 지금 당신의 마음속에도 오래전에 덮어 두었던 꿈이 있다면, 그 꿈을 다시 꺼내 보길 바란다. 한 번뿐인 이 삶을 그 꿈과 함께 보내고 싶은지 스스로 솔직히 물어봐야 한다. 만약 마음이 "그렇다"라고 답한다면 더 이상 고민할 필요는 없다. 그냥 지금 시작하면 된다. 완벽하지 않아도 좋다. 바라왔던 마음을 직접 행동에 옮긴 그 순간이 결과보다 더 값질 것이다.

 삶의 마지막 페이지에서 당신이 마주하게 될 풍경이 후회와 공백이 아니라 완벽하지 않더라도 뜨거운 열정과 생생한 기억으로 가득 찬 장면이길 진심으로 응원한다. 한 번뿐인 삶을 두려움보다 용기로 채워가길 바란다.

∴

앞을 보며 걷는 법

∴

　우리 모두에게는 늘 아쉬움으로 남는 순간들이 있다. 그때 조금 더 현명했더라면, 조금 더 일찍 시작했더라면, 조금 더 신중하게 결정했더라면 하는 후회들이다. 나 역시도 이런 후회들을 수도 없이 겪어왔다. 오랫동안 고민 끝에 구매했던 물건 하나, 돌아오지 않을 관계 하나, 심지어 몇 년의 세월까지도 후회의 대상으로 삼곤 했다. 돌이켜 보면 더 나은 선택을 할 수 있었던 순간들이 너무나 많았다. 하지만 그 당시의 나는 지금처럼 생각하지도 못했고, 지금처럼 볼 수도 없었다. 당시의 나는 지식도 경험도 지금보다 부족했고 상황도 전혀 달랐기에 최선을 다했다고 해도 그 선택들은 미숙할 수밖에 없었다. 그것은 너무나 당연한 일이었다.

 사람이기에 우리는 언제나 실수하고 그로 인해 후회라는 감정을 느낀다. 삶의 모든 선택이 완벽하고 옳기만 할 수는 없다. 그러나 중요한 것은 그런 실수와 후회의 순간들이 없었다면, 지금의 나라는 존재 또한 없었을 것이라는 사실이다. 우리가 지나온 모든 순간과 경험, 심지어 후회까지도 우리 자신을 만들어가는 필연적인 과정의 일부였다는 점이다.

 후회라는 것은 마치 우리가 걸어온 삶의 장면을 담은 사진첩과도 같다. 우리는 때로 그 사진첩을 펼쳐서 한참 동안 바라보며 시간을 보낸다. 과거에 머무르고 싶을 때도 있고 그 시간을 바꾸고 싶은 충동에 사로잡히기도 한다. 하지만 아무리 오래 사진을 바라보아도 과거는 변하지 않는다. 이제 우리가 결정해야 할 것은 과거의 사진첩만 붙들고 앉아 있을지, 아니면 다음 사진을 찍으러 다시 밖으로 나갈지이다. 과거를 돌아보며 후회하는 것 자체는 나쁜 일이 아니지만 그곳에 너무 오래 머물 필요는 없다. 우리가 해야 할 것은 이미 지나간 시간이나 실수가 아니라 그 이후의 삶이기 때문이다.

내가 했던 수많은 후회스러운 선택을 통해 얻은 것들이 있다. 후회를 통해 기회의 소중함을 깨달았고, 말 한마디가 사람과의 관계를 어떻게 바꿀 수 있는지 알게 되었으며, 시간이라는 자원이 얼마나 소중한지도 뼈저리게 경험했다. 후회는 내 삶의 방향을 꿰뚫는 중요한 통찰력을 준다. 각자의 삶 속에서 얻은 교훈들은 다를 것이다. 후회는 실수를 반복하지 않게 조심하게 만들지만 나아가는 걸 두려워하게 만들면 안 된다. 우리는 완벽하지 않은 존재이기에 앞으로도 실수하고 또 후회할 것이다. 하지만 이전과 다른 점이 있다면, 다음번에는 뒤돌아보았을 때 그 선택조차도 "괜찮았다"라고 말할 수 있을 만큼 최선을 다해야 한다는 것이다.

지금 이 글을 읽는 당신에게도 분명 마음속에 품고 있는 후회가 있을 것이다. 후회라는 감정은 우리의 시선을 아래로 떨어뜨리고 앞으로 나아갈 용기를 앗아갈 수 있다. 하지만 후회는 결코 당신이 부족하거나 잘못되었다는 뜻이 아니다. 오히려 당신이 계속 배우고 성장하고 있다는 명백한 증거이다. 후회를 느끼고 있다는 것은 이제 다음 발걸음을 내딛기 위한 준비가 되었음을 의미한다.

발걸음이 잠시 멈춰 있었다면 이제 다시 앞으로 나아가 보자. 완벽한 걸음을 기대할 필요는 없다. 넘어지기도 하고 흔들리기도 하겠지만 그 또한 배우는 과정이다. 후회를 두려워하며 움직이지 않는다면 그 자체가 더 큰 후회를 남긴다는 사실을 기억해야 한다. 그러기에 나는 지금부터 더 성실하게 더 진심으로 삶을 살아가려 한다. 후회는 얼마든지 돌아볼 수 있다. 하지만 중요한 것은 다시 일어서서 앞을 향해 걷는 것이다. 과거에 머물러 있는 것만으로는 우리가 원하는 미래에 다가갈 수 없다.

 기억하자. 삶은 돌아보며 반성할 수 있지만 결국 우리는 다시 앞을 향해 걸어야만 한다는 사실을. 다시 한번 앞을 보며 한 걸음씩 나아가 보자. 당신의 삶은 지금부터가 더 중요하다.

이 말을 꼭 해주고 싶었다

∴

이야기는 쓰여진다

∴

　며칠 전, 내 하루는 정말이지 엉망이었다. 평소 같으면 깔끔하게 마무리했을 업무는 예상치 못한 이유로 뒤틀렸고, 집중을 해야 하는 시간엔 이상하게 마음이 붕 떠서 손에 잡히는 일 하나 없었다. 계획했던 일정표는 하나둘씩 빈칸으로 남았고 시간이 지날수록 스트레스는 눈덩이처럼 커져만 갔다.

　자기계발에 열심인 사람이라면 누구나 공감할 것이다. 계획한 일을 지키지 못한 날은 마치 큰 죄라도 지은 것처럼 마음이 무겁다. 나 역시 그랬다. 늘 스스로 엄격했고 하루쯤 쉬어가는 것도 사치라고 생각하며 살았다. 하루의 계획을 못 지키면 내 목표 전체가 흔들릴 것 같았고, 나 자신에게 실망을 주기 싫어서 억지로라도 하루하루를 꽉 채우려 했다. 하지만 결국 몸과 마음이 따라주지 않는 날이 찾아왔고 그날 나는 스스로가 한심하고 답답했다.

그런 날 들은 말 한마디가 나에게 깊은 울림을 주었다. "하루쯤 아무것도 못 했다고 큰일 나는 거 아니니까 가끔은 좀 쉬어도 돼요." 이 간단하고 따뜻한 말이 어쩌면 그렇게 듣고 싶었던 말이었는지 순간 울컥할 만큼 위로가 되었다.

그날 밤 집에 와서 곰곰이 생각해봤다. 내 삶은 어쩌면 너무 지나치게 '완벽한 하루'를 꿈꾸며 나를 몰아붙이고 있었던 건 아닐까? 꼭 하루하루를 완벽히 살아야만 목표를 이룰 수 있는 걸까? 차라리 하루쯤은 엉망으로 살아도 괜찮다고 나를 다독이며 다시 힘을 내면 그것이 장기적으로 봤을 때 더 좋은 선택 아닐까?

 한때 달리기에 몰두했던 적이 있었다. 체력시험에서 만점을 받기 위해 나는 몇 달을 달리기에만 열중했다. 쉬는 날에도 달리고 먹고 싶은 음식을 참아가며 수많은 영상을 통해 달리기 요령을 배우면서 기록을 단축했다. 내가 세운 목표를 향해 뚜렷하게 전진하는 나 자신이 너무나 자랑스러웠다. 하지만 어느 순간, 이상한 일이 일어났다. 목표에 거의 도달할 무렵, 난 갑자기 달리는 일이 싫어졌다. 달리기가 주던 성취감보다 압박감이 더 커졌고, 기록 향상이 정체되자 모든 게 무의미하게 느껴졌다. 기록을 위해 삶 전체를 희생하며 달리기를 강요하는 나 자신이 너무나 지쳤던 것이다.

 주변 사람들은 "이미 충분히 잘했는데 이제 그만해도 되지 않냐"고 말했지만 나에겐 달리기가 단지 달리기 그 이상의 의미였다. 지금 포기하면 앞으로 다른 목표들 앞에서도 쉽게 주저앉아 버릴까 봐 두려웠다. 그래서 포기하고 싶다는 말을 쉽게 꺼내지 못했다. 그러던 어느 날, 결국 힘들다는 말을 부모님께 털어놓았을 때, 아버지가 하신 말씀이 내 인생을 바꿨다.

"그런 거 좀 못해도 돼. 잠시 쉬어도 되고 좀 천천히 가도 돼. 괜찮아."

그 말이 마음에 닿자마자 나는 눈물을 쏟아냈다. 결국 나는 달리기를 '포기'한 것이 아니라 '잠시 멈춘 것'이라는 사실을 그때 깨달았다. 포기하지 않는다는 것은 반드시 빠르게 나아가는 것이 아니라 때로는 천천히 가거나 쉬었다 가더라도, 결국엔 다시 일어서서 앞으로 나아가는 일이었다. 만약 그때 내가 억지로 무리하며 밀어붙였다면 지금쯤 다리에 부상을 입고 더는 달리지 못했을지도 모른다. 그때 잠깐 멈췄기에 나는 지금도 꾸준히 달리고 있다.

삶을 멀리서 보면 작은 한순간들은 그리 대단하지 않을 수도 있다. 하루의 실패나 좌절은 우리 삶 전체를 결정짓지 않는다. 하루하루의 완벽을 추구하는 삶보다는 장기적인 목표를 향해 조금 느리더라도 꾸준히 나아가는 것이 진짜 중요하다는 걸 이제야 깨달았다. 작은 조각이 하나 잘못되었다고 그림 전체가 망가지지 않듯이 우리 인생도 작은 하루가 계획대로 되지 않는다고 무너지지 않는다.

오늘 하루 계획했던 일들을 다 이루지 못해 좌절하고 있을 당신에게 특별한 말을 해주고 싶다.

"이야기는 아직 끝나지 않았다."

오늘의 삶이 마음대로 되지 않았다고 해서 당신이라는 이야기가 끝나는 건 아니다. 인생은 하루로 완성되지 않는다. 하루는 단지 우리가 쓰고 있는 인생이라는 긴 책의 한 페이지에 불과하다. 이 페이지에서 잠시 멈추거나 실수해도 다음 페이지에서 얼마든지 다시 쓸 수 있다. 중요한 것은 오늘의 작은 실패가 아니라 내일 다시 일어나 새로운 이야기를 써 내려가는 것이다.

그래서 우리에게 필요한 것은 완벽함이 아니라 지속성이다. 하루쯤 쉬어도 괜찮다. 하루쯤 엉망으로 살아도 괜찮다. 우리가 해야 하는 단 한 가지는 내일 다시 시작하면 된다는 사실을 믿고 결코 포기하지 않는 것이다.

오늘 내가 그리고 당신이 써 내려가는 삶이라는 이야기는 지금 이 순간에도 계속 쓰이고 있다. 당신의 이야기가 어떤 결말을 맺을지 나 또한 궁금하다. 아직 끝나지 않은 당신의 이야기를, 나는 언제나 응원할 것이다.

완벽하지 않아서 더 나다운 청춘에게
ⓒ 이윤석, 2025

초판 1쇄 발행 2025년 8월 27일

지은이	이윤석
펴낸이	이윤석
펴낸곳	포너스트

출판등록번호	제2025-000046호
전화	010-2107-7817
이메일	yun154711@naver.com

ISBN	979-11-994050-0-4

이 책은 저작권법에 의하여 보호를 받는 저작물이므로 무단 전재와 복제를 금합니다.

세상에는 아직 기록되지 않은 이야기가 많습니다.
당신의 한 문장, 한 생각이 책이 되어 누군가의 삶에 닿을 수 있습니다.
아이디어와 원고는 메일로 보내주세요.